体育管理学理论与实践研究

石曼曼　著

中国商业出版社

图书在版编目(CIP)数据

体育管理学理论与实践研究 / 石曼曼著. -- 北京 : 中国商业出版社，2024. 9. -- ISBN 978-7-5208-3130-7

Ⅰ. G80-05

中国国家版本馆 CIP 数据核字第 2024CB8538 号

责任编辑:朱丽丽

中国商业出版社出版发行

(www.zgsycb.com 100053 北京广安门内报国寺 1 号)

总编室:010－63180647 编辑室:010－63033100

发行部:010－83120835/8286

新华书店经销

北京虎彩文化传播有限公司印刷

*

787 毫米×1092 毫米 16 开 8.75 印张 149 千字

2024 年 9 月第 1 版 2024 年 9 月第 1 次印刷

定价:45.00 元

* * * *

(如有印装质量问题可更换)

前　言

在当今社会，体育事业不仅仅是竞技与锻炼的代名词，它还深度融入了国家发展战略之中，成为促进经济社会全面发展的重要力量。随着体育产业的蓬勃兴起和国际化交流的日益频繁，体育管理学作为一门新兴而充满活力的交叉学科，其理论与实践研究显得尤为重要。因此，应在体育管理学理论与实践之间架起桥梁，不断推动体育管理知识的更新、应用与共享，为体育事业的繁荣发展注入新的活力与动力。

本书从体育管理学基础理论入手，梳理了体育管理的方法与内容，阐述并深入探讨了体育组织管理、体育赛事管理以及体育资源管理。希望通过本书的介绍，能够为读者在体育管理学理论与实践研究方面提供帮助。

为了确保本书内容的丰富性和多样性，笔者在写作过程中参考了大量的理论与研究文献，在此向相关的专家、学者表示衷心的感谢。最后，因笔者水平有限，加之时间仓促，本书难免会存在一些疏漏，在此，恳请同行专家和读者朋友批评指正！

作　者

2024 年 7 月

目　录

第一章　体育管理学基础理论

第一节　体育管理学概述

一、体育管理学的定义与范畴

(一)体育管理学的核心概念

在体育领域中,管理是指确保体育组织能够高效实现其目标的一系列系统化活动。这些活动涵盖规划、组织、领导和控制四个关键环节。规划是管理的首要环节,涉及制定长期和短期目标,并确定实现这些目标的策略和步骤。科学合理的规划能够明确方向,预见未来的发展趋势和挑战,从而制定相应的应对措施。组织是将规划转化为具体行动的关键,通过合理配置和协调各类资源,来建立有效的组织结构,使得各部门和人员能够高效运作。领导者在管理过程中不可或缺,需要通过激励、指导和支持团队成员,来确保他们共同努力实现组织目标,并使他们具备良好的决策能力和沟通技巧。控制是管理的最后一个环节,通过制定和执行有效的控制措施,管理者可以监督和评估体育活动的进展情况,及时发现和纠正偏差,确保工作能够按照计划进行,实现持续改进和优化。

体育管理中的组织是那些为实现特定体育目标而建立的有结构的群体,如体育俱乐部、体育协会和联盟等。这些组织通常具有明确的目标和任务,可以通过合理的组织结构和分工协作,确保各项体育活动顺利进行。体育俱乐部是常见的组织形式之一,其主要职能包括组织和管理体育赛事、培训和发展运动员、推广体育活动等。俱乐部通常设有多个部门,如行政部、市场部、竞赛部和培训部,各部门在总经理或俱乐部主席的领导下协同工作,以实现整体目标。体育协会则由多个俱乐部或个体会员组成,旨在协调和管理某一地区或项目的体育活动。协会的职能包括制定和执行竞赛规则、组织赛事、培训裁判员和教练员、推动体育项目发展等,通过健全的组织架构和管理机制来发挥核心作用。

体育管理中的资源是实现体育目标所需要的各种要素,包括人力资源、物质资源、财务资源和信息资源。人力资源是体育组织的核心资产,包括管理人员、教练员、运动员和志愿者等，通过科学的人力资源管理，如招聘、培训、绩效评估和激励机制，能够最大限度地发挥人员的潜力和作用。物质资源是指体育设施、设备、场地等有形资产，是各类体育活动的基础，需要合理规划和管理，确保它们能够得到高效利用和维护，从而为运动员提供良好的训练和竞赛环境。财务资源是资金和财务管理，是体育组织运行的重要保障，通过有效的财务管理，确保资金能够得到合理配置和使用，支持各项活动顺利开展。信息资源是指各种与体育活动相关的数据、信息和知识，包括赛事数据、训练记录、市场信息等，通过建立完善的信息管理系统，来实现信息的高效收集、处理和利用，为决策提供有力支持，进而提高体育管理的整体水平。

(二)体育管理学的主要研究对象

体育管理学是研究如何有效管理和运营体育组织、赛事、资源和场馆的学科。以下是对相关要点的详细描述。

1.体育组织

体育组织涵盖从基层到国家级的各种形式。体育俱乐部作为基层组织，主要负责日常运动训练和比赛的组织实施，同时也承担着推广和普及体育运动的任务。体育协会则是更高层次的组织，通常负责某一类或多类体育运动的管理、协调和发展，制定相关规章制度和组织赛事活动。政府体育机构具有宏观调控和政策制定职能，负责制定体育发展战略、分配资源以及监督管理各类体育活动和组织。这些体育组织通过各自的职能和相互协作，共同推动体育事业的发展。

2.体育赛事

体育赛事涵盖从社区级别的小型赛事到国际级别的大型赛事。小型赛事通常具有较强的社区属性，目的是提升社区居民的参与感和凝聚力，而大型国际赛事则具有复杂的组织结构和广泛的社会影响。管理体育赛事需要综合考虑赛事筹备、场地选择、人员组织、媒体宣传等多个方面。赛事的成功开展不仅依赖于高效的组织管理，还需要考虑市场营销、品牌推广以及对与赞助商之间关系的维护。赛事管理的目标不仅是确保赛事的顺利进行，更重要的是通过赛事的举办提升地区或国家的体育形象和经济效益。

3.体育资源

体育资源的有效管理是体育管理学研究的重点内容之一。人力资源管理涉及对教练员、运动员、裁判员等各类专业人员的选拔、培训与激励机制。物质资源则包括对体育器材、场地设施等硬件条件的配置和维护。财务资源管理涵盖体育组织和赛事的预算编制、资金筹措、财务监控等方面。信息资源管理则涉及对赛事数据、运动员资料、观众反馈等信息的采集、处理和利用。合理配置和高效使用这些资源,是提高体育组织和赛事运营效率的重要保证。

4.体育场馆

体育场馆是体育活动开展的重要物质基础,其建设、维护和运营直接影响体育活动的质量和效果。体育场馆的设计需要考虑不同类型体育活动的需求,同时要满足观众和运动员对舒适性和安全性的需求。场馆的维护和管理涉及日常保养、设备更新、应急处理等多个方面。体育场馆的运营不仅包括日常的体育活动和比赛,还涉及场馆的商业开发和多功能利用,如举办演唱会、展览会等。高效的场馆运营管理不仅能提高场馆的利用率,还能为体育组织带来可观的经济收益。

(三)体育管理学的研究任务

体育组织的科学管理和高效运作是体育管理学的重要研究任务之一。引入科学的管理方法可以显著提高体育组织的运营效率和效益。这涉及优化组织结构、合理配置人力资源、精细化财务管理以及应用信息化管理手段。对体育组织内部流程进行系统梳理和优化能够减少资源浪费,提高工作效率。实施绩效评估体系和激励机制,可以激发员工的工作积极性,提升整体组织的竞争力。此外,对现代管理理论和工具的应用,如项目管理、质量管理和变革管理,可以为体育组织提供科学的管理框架和方法,以确保其能够持续发展。

体育赛事的策划和组织是体育管理的重要领域。成功的体育赛事不仅需要周密的策划,还需要科学的组织和管理方法。确保赛事成功举办需要进行详尽的市场调研和需求分析,确定赛事的目标和定位。制订详细的赛事计划,包括时间表、预算、场地安排和人员配置等,是赛事组织的关键。在赛事组织过程中,建立高效的沟通机制并确保各部门之间的协作顺畅至关重要。风险管理也是赛事策划和组织的重要环节,通过制订应急预案,能够有效应对突发事件,确保赛事顺利进行。赛事结束后,进行全面的评估和总结,有助于积累经验,优化未来赛事的策划和组织。

体育资源的合理配置和高效利用是体育管理学研究的重要内容。有效的资源配置不仅有助于提升体育组织的运营效益，还能推动体育事业的可持续发展。建立科学的资源评估体系，对现有体育资源进行全面的盘点和评估，明确资源的数量、质量和分布情况是基础步骤。根据体育发展的实际需求，制订资源配置方案，确保资源能够得到合理分配和高效利用。通过引入现代化的信息管理系统，可以实现资源的动态管理和智能调度，进一步提高资源的利用效率。推进资源共享和跨界合作，能够最大限度地发挥资源的综合效益，推动体育事业的全面发展。

体育场馆作为体育活动的重要载体，其管理和运作直接关系体育活动的顺利进行和参与者的安全。制订科学的体育场馆管理方案，是确保场馆设施能够高效运作和安全使用的关键。对场馆进行全面评估，明确设施现状和存在问题，是制订管理方案的基础。管理方案应包括设施维护、人员管理和安全保障等内容。引入现代化管理技术，如智能化监控系统和自动化管理系统，可以提高场馆管理的效率和安全性。建立健全的应急预案和安全管理制度，定期开展安全培训和演练，能够有效预防和应对突发事件，确保场馆设施的安全使用和高效运作。

二、体育管理学的学科地位与作用

(一)体育管理学在管理学中的地位

体育管理学是管理学的一个重要分支，它深刻地结合了管理学的基本理论与体育行业的独特需求。管理学的基本理论，如计划、组织、领导和控制，在体育管理中得到了具体应用。体育管理学不仅关注体育组织的运营与管理，还涉及赛事管理、运动员管理、体育场馆管理以及体育营销等多个方面。通过这些方面的综合应用，体育管理学实现了对体育行业特有问题的有效解决。

在体育管理学中，管理学的基本原理与技术被进一步细化和具体化。例如，在体育赛事的组织与运营中，管理者需要运用项目管理的知识来制订详细的计划，协调各部门的工作，确保赛事能够顺利进行。体育管理学还强调团队领导力和人际沟通能力的重要性，因为体育组织中的许多任务都需要通过团队协作来完成。领导者需要具备激励团队、解决冲突和促进合作的能力。

体育管理学不仅是对管理学理论的简单应用，更是对这些理论的深化和扩展。体育行业的特殊性，如高动态性、高竞争性和高曝光度，使得管理学的基本原理在具体应用时需要进行调整和创新。这种结合不仅为体育管理学的发展提供了丰富的实践经验，也为管理学理论的完善和发展提供了新的视角和方法。

体育管理学在管理学中的重要地位，主要体现在其对体育行业的深刻理解和独特贡献。随着现代体育产业的快速发展，体育管理的复杂性和专业性日益凸显，传统管理学理论难以完全涵盖体育行业的需求。体育管理学的出现，填补了这一理论的空白，为体育组织的高效运行提供了科学指导。

（二）体育管理学的社会作用

在现代社会，体育事业的发展对提高全民健康水平和社会体育参与度具有重要意义。体育管理学在其中起到的作用不可忽视，通过科学的管理手段和方法，能够帮助管理者制定和实施有效的政策和策略，从而推动体育事业的全面进步。通过研究和分析当前社会体育参与度的现状，体育管理学能够制订鼓励全民参加体育活动的方案。例如，推广全民健身计划和社区体育项目，促进各阶层对体育活动的参与，进而提高全民健康水平，降低因缺乏运动而导致的慢性疾病的发生率。同时，通过教育和宣传，增强公众对体育重要性的认识，培养其对体育事业的热情和支持。

在体育赛事的组织和运营过程中，科学管理是提高质量的关键因素。体育管理学通过系统的理论和实践指导，可以有效解决赛事组织中的各种问题，确保赛事能够顺利进行。赛事筹备阶段，体育管理学提供详细的项目管理计划，包括时间表、预算和资源分配等内容，确保每个环节能够有序推进。赛事进行阶段，通过现场管理和实时监控，及时处理突发事件，确保赛事能够顺利进行。科学管理不仅提升了体育赛事的组织和运营质量，还可以吸引更多观众和赞助商，从而提升赛事的经济效益，推动整个体育产业的发展。

体育管理学不仅关注体育赛事的组织，还关注体育组织和机构的日常运作。通过科学管理，体育组织和机构能够实现更高效地运营，从而更好地完成其使命。体育管理学帮助体育组织建立和完善内部管理体系，包括人力资源管理、财务管理和信息管理等方面，提高组织的整体运营效率。通过有效的战略规划和市场营销，体育管理学还能够帮助体育组织扩大其影响力，推动体育文化的传播和发展。例如，通过组织大型体育活动和开展体育文化宣传教育活动，增强社会对体育文化的认同感和参与感，推动体育文化全面发展。

三、体育管理学的研究价值

(一)体育管理学的学术价值

体育管理学作为一门新兴的交叉学科,不仅丰富了传统管理学的理论体系,还为管理学研究提供了新的视角和实践案例。通过研究体育组织、运动员管理、赛事运营等具体领域,体育管理学揭示了体育产业中独特的管理模式和规律。这些规律不仅适用于体育领域,还能够为其他管理学科提供参考。例如,赛事运营中的风险管理、资源配置、市场营销等问题与其他行业中的管理问题有许多共通之处。通过体育管理学的研究,可以将这些具体案例转化为通用的管理理论,从而进一步丰富管理学的理论库。

体育管理学的研究推动了管理学理论的创新发展。传统管理学理论主要集中在企业管理、公共管理等领域,而体育管理学则引入了运动科学、社会学、心理学等多学科的理论和方法,使管理理论更加多元化、立体化。例如,在研究运动员管理时,体育管理学不仅关注运动员的训练和比赛,还涉及运动员的心理健康、职业发展、社会关系等方面的问题。这种跨学科的研究方法,为管理学理论的创新提供了新的路径和思路。

体育管理学提供了一个系统的理论框架,能够有效指导实际操作和研究。这个理论框架包括战略管理、组织管理、市场营销、财务管理、人力资源管理等多个方面,涵盖体育产业的各个环节。通过系统的理论框架,研究者和实践者可以从整体上把握体育管理的核心问题和关键环节,进而提高管理的科学性和有效性。

(二)体育管理学的应用价值

体育管理学作为一门综合性学科,能够为体育管理实践提供坚实的理论支持和系统的方法指导。在体育管理的实际操作中,管理者往往会面临复杂多变的环境和多种不确定因素。通过体育管理学的研究,可以系统地了解和掌握体育管理的基本理论、方法和工具,从而提升管理者的决策能力和管理水平。例如,通过对组织行为学、战略管理、财务管理等相关理论的学习,体育管理者能够更科学地制定发展策略、优化管理流程,从而提高组织的运作效率和效果。体育管理学也致力于研究如何在实践中应用管理理论,以解决实际问题。通过案例分析、实证研究等方法,体育管理学为实践提供了具体的操作指南和解决方案,能够帮助管理者在日常工作中更好地应对挑战。例如，在筹办大型体育赛事时，如何进行项目管理、风险控制和资源配置，都是体育管理学研究的重要内容。这些研究成果不仅能够指导实践操作，还能够为改进和创新管理方法提供理论依据。

体育管理学的研究内容涵盖体育组织管理的各个方面，包括人员管理、财务管理、设施管理、市场营销等。这些理论和方法为体育组织的科学管理提供了坚实的基础。通过系统的学习和应用，体育组织可以在人员配置、财务预算、设施维护等方面实现科学管理，提高整体的运营效率。例如，通过运用人力资源管理理论，体育组织可以科学地进行人员招聘、培训和绩效评估，从而提高团队的综合素质和工作效率。对于资源配置和利用的优化是体育管理学的重要研究方向之一。体育组织在运行过程中，资源的合理配置和高效利用直接关系其发展和竞争力。体育管理学通过研究资源配置的原则和方法，提出了优化资源利用的策略和手段。例如，通过成本效益分析，体育组织可以在设施建设和维护中实现投入产出比的最大化；通过市场营销理论，体育组织可以在赞助商开发和赛事推广中实现对资源的高效利用。这些研究成果为体育组织的可持续发展提供了有力的支持。

（三）体育管理学对体育产业的影响

促进体育产业的发展和提升体育赛事的市场价值及品牌影响力是现代体育管理学的重要目标。体育管理学能够通过科学的管理方法和策略，帮助管理者在资源配置、人员管理、市场运作等方面实现最优效果，从而提升体育产业的整体竞争力。科学的管理方法不仅能够优化资源配置，使体育组织更有效地利用有限的资源，实现最大化的产出和收益，还强调绩效评估和持续改进。管理者可以通过这些方法及时发现问题并采取相应的改进措施，从而不断提高体育产业的效率和竞争力。

在具体操作中，体育管理学强调战略规划和执行的紧密结合。战略规划需要以科学的数据分析为基础，结合市场需求和行业趋势，制定切实可行的发展目标和路径。科学管理能够帮助体育组织更好地识别市场机会，优化产品和服务，从而在激烈的市场竞争中占据优势地位。市场营销理论和品牌管理策略在体育管理学中具有重要地位，这些理论可以帮助体育组织打造独特的品牌形象，提高市场认知度和忠诚度。此外，科学的管理手段还包括人力资源管理、财务管理和运营管理等多个方面，这些手段共同作用，可提升体育产业的整体竞争力。

体育赛事作为体育产业的重要组成部分，其市场价值和品牌影响力会直接影响整个产业的发展。通过科学管理手段，体育管理学提高了体育赛事的运营效率、增强了市场表现，从而提高了其整体价值。赛事的策划与执行需要严密地组织和协调，涉及场地安排、人员调度、赛事宣传等诸多环节。标准化的流程和管理工具可以帮助赛事组织者在这些环节中实现高效管理，从而保证赛事的顺利进行和高质量地呈现。

品牌影响力的提升是体育赛事管理的重要目标之一。品牌管理理论可以帮助赛事组织者系统地进行品牌定位、品牌推广和品牌维护，打造具有独特吸引力和竞争力的赛事品牌。品牌的成功不仅依赖于赛事本身的质量，还需要通过有效的市场推广和媒体传播，使其在更广泛的受众中获得认可和喜爱。传播理论和公关策略在体育管理学中提供了科学的方法和手段，为赛事品牌的推广提供了坚实的理论基础和实践指导。

第二节　体育管理的理念

一、体育管理理念的内涵

(一)体育管理理念的定义

体育管理理念是指在体育管理实践中所遵循的基本信念、价值观和指导原则。这些理念不仅是理论上的探讨，更是在实践中指导体育管理者行为的准则。体育管理理念涵盖对体育活动本质的理解、对参与者需求的把握以及对体育资源最佳配置的认识。通过明确的管理理念，体育管理者可以在复杂多变的环境中保持方向感，确保其决策和行动能够符合体育运动的长远发展目标。

这些理念是体育管理者在制定决策和实施管理过程中所依赖的思想基础。思想基础不仅可以帮助管理者在面对多样化和动态变化的体育环境时作出明智的判断，还能提高体育组织的整体效能。通过确立清晰的管理理念，体育管理者能够统一团队成员的思想和行动，形成强大的凝聚力，促进组织目标的实现。此外，健全的管理理念有助于风险管理，使体育组织在面对各种挑战时能够更好地应对和调整。

体育管理理念的核心在于其指导性和实用性。它不仅需要有理论层面的高度概括，还需要能在实际操作中落地生根。例如，公平性和包容性是现代体育管理理念的重要组成部分，这要求管理者在制订政策和执行计划时，充分考虑不同性别、年龄、种族和能力水平的参与者的利益，确保体育活动的公正性和普及性。这样的理念不仅提升了体育活动的社会价值，还增强了参与者的满意度和忠诚度。

（二）体育管理理念的基本内容

在现代体育管理中，理念和原则的确立直接影响着体育组织的运营和发展。以下是对体育管理理念核心要点的详细阐述。

体育管理理念的核心之一是以人为本，这不仅体现在对体育参与者需求的关注上，也包括对工作人员发展的重视。体育管理者应当深入了解参与者和工作人员的心理与生理需求，通过科学的管理手段和人性化的政策来创造一个有利于身心健康的体育环境。例如，在制订赛事安排时，应考虑选手的身体恢复周期和心理状态，避免过度疲劳和心理压力；在管理工作人员时，应为他们提供职业发展的机会和良好的工作环境，提升他们的职业满足感和归属感。以人为本的理念要求管理者将人的需求放在首位，营造和谐、激励和支持的体育氛围。

在现代体育管理中，效率与效益是不可忽视的关键因素。高效的管理可以确保体育组织能够在有限的资源下实现最佳的运营效果，从而提升整体效益。体育管理者应运用科学的管理方法和工具，如项目管理、绩效评估和信息化管理等，提高工作流程的效率。例如，通过信息化系统的应用，可以实现赛事的实时监控和数据分析，提高决策的准确性和及时性；通过精细化管理，可以优化资源配置，减少浪费。在追求效率的同时，也需要注重成本效益分析，确保每项投入都能带来相应的回报，从而实现体育组织的可持续发展。

公平与公正是在体育管理中不可或缺的基本原则。体育资源的公平分配和体育机会的公平获取是实现体育精神的重要保障。管理者应制定透明、公正的政策，确保每个参与者都能够有平等的机会参与体育活动。例如，在体育设施的分配上，应根据人口分布和需求情况，合理规划和建设，避免资源集中于特定区域或群体。在赛事组织中，应严格按照公正的标准和规则，杜绝任何形式的作弊和不公平行为。通过建立健全的监督机制和申诉渠道，来保障每个参与者和工作人员的权益，进而维护体育活动的公正性和纯洁性。公平与公正不仅是体育管理的基础，也是实现体育价值的重要途径。

（三）体育管理理念的形成因素

体育管理理念的形成和发展受到多种因素的影响，其中社会文化、经济环境以及科技进步是最为关键的三个方面。

1.社会文化

在不同的社会文化背景下,人们对体育的认知和态度存在着显著差异,从而影响体育管理的理念和实践。在一些国家,体育被视为一种娱乐和休闲方式,管理理念主要围绕如何提高大众参与度和娱乐体验展开。而在另一些国家,体育被赋予了更高的社会价值,如国家荣誉、民族团结和文化传承,这些因素决定了体育管理的目标更为严肃和长远。社会文化背景还影响着体育管理者的决策过程和管理风格。例如,在集体主义文化盛行的社会,体育管理往往重视团队合作和集体利益;而在个人主义文化占据主导地位的社会,个体成就和个人表现可能被优先考虑。

2.经济环境

经济条件的变化不仅直接影响体育发展的资源投入,还会间接影响体育管理的目标和手段。在经济繁荣时期,政府和企业可能对体育事业投入更多,体育设施和服务质量得到提高,管理目标更加注重提高竞技水平和大众健康。而在经济衰退时期,体育管理可能会面临经费紧张的问题,必须更加注重资源的高效利用和成本控制。经济全球化的进程也为体育管理带来了新的挑战和机遇,跨国体育企业的兴起、国际体育赛事的增加,都要求体育管理者具备全球视野和国际化的管理能力。

3.科技进步

现代科技的迅猛发展,不仅改变了体育的训练和比赛方式,也深刻地影响了体育管理的理念和实践。例如,信息技术的应用使得体育数据的采集、分析和应用更加精准和高效,数据驱动的管理模式逐渐成为趋势。虚拟现实、增强现实等新技术的应用,为体育观众带来更加沉浸式的观赛体验,也为体育管理者提供了新的营销手段和商业模式。生物科技的发展使得运动员的训练和恢复更加科学和高效,体育管理的理念从单纯关注竞技成绩转向更加关注运动员的全面发展和长期健康。科技的进步不仅提高了体育管理的效率和效果,也推动了管理理念的不断更新和优化。

二、体育管理理念的核心价值

(一)体育管理的价值取向

1. 以人为本

在体育管理领域，人本主义价值观的核心在于以人为本，关注个体的全面发展和幸福感。这种理念源自对体育参与者、管理者以及其他相关利益群体的尊重和重视。体育不仅是一种身体活动，更是一种文化和社会现象，对个体的心理健康、社会适应能力和人格发展都具有重要影响。因此，倡导人本主义价值观意味着要建立以人为中心的管理机制，关注个体需求、体验和满意度。体育管理者应重视运动员、教练员和普通参与者的身心健康，提供一个安全、健康和激励性的体育环境，以促进个体在体育活动中的全面发展。

2. 效率优先

效率优先是在体育管理中的一项重要价值取向，强调资源的高效利用和管理效能的提升。体育管理涉及多种资源，包括人力、物力、财力和时间资源等。合理配置和高效利用这些资源是提升体育管理效能的关键所在。效率优先的价值观要求管理者在制订和执行体育政策、组织体育赛事和活动时，要注重科学规划和精细化管理，减少资源浪费，提高工作效率。现代科技的应用，如大数据分析和人工智能等，为体育管理的高效运作提供了新的工具和手段，通过科技的赋能，体育管理可以实现更精准的决策、更高效的执行和更优质的服务，从而提升整体管理效能。

3. 公平正义

公平正义是体育管理的重要价值取向，旨在确保体育资源和机会的公平分配。体育作为一种社会资源，应当为所有人所共享，而不应因性别、年龄、种族、经济状况等因素而有所偏颇。公平正义的价值观要求体育管理者在资源配置、政策制定和活动组织的过程中，注重公平性，确保每个人都有平等的机会去参加体育活动，享受体育带来的健康和快乐。在青少年体育、残疾人体育和社区体育等领域，尤其需要关注弱势群体的需求，通过政策倾斜和资源投入，来消除参与障碍，从而实现真正的公平和正义。只有在公平正义的基础上，体育才能发挥其促进社会和谐、提升社会凝聚力的重要作用。

（二）核心价值的体现

在管理实践中，通过制定公平、公正、公开的管理制度来体现核心价值。公平是确保每个人在资源分配、机会提供、评估和奖惩等方面享有同等的权利和机会。公正要求管理者在决策过程中考虑每个参与者的利益和权利，避免偏袒和歧视。公开则通过透明的信息披露和公开的程序，让所有利益相关者能够了解和监督管理过程，确保决策的透明度和可信度。这些制度不仅能够提升体育管理的合法性和公信力，还可以增强参与者的信任感和归属感，进而形成和谐、稳定的管理环境。

在制定和实施这些管理制度时，必须确立明确的制度框架和操作流程，确保每个环节都能得到有效的监控和管理。管理者应建立反馈机制，及时了解并解决各方在执行过程中遇到的问题和困难。管理制度的制定应当广泛听取各方意见，特别是运动员、教练员、裁判员以及观众的声音，以确保制度的合理性和可操作性。这种自下而上的参与式管理模式，不仅有助于提升制度的科学性和民主性，也能够增强各方的认同感和参与感。

公平、公正、公开的管理制度在体育组织和赛事管理中，可以通过具体案例来加以体现。例如，某些国际体育组织在选拔和评估裁判员时，严格遵循透明的标准和程序，确保每一位裁判员的选拔过程都公开透明，评估结果公平公正。这不仅提高了裁判员的专业水平和执法质量，也增强了赛事的公信力和影响力。体育管理者应当不断完善和优化管理制度，确保公平、公正、公开的原则能够在实际操作中得到充分的体现。

提高管理效率和效益是促进体育组织和赛事成功运作的关键。管理效率指的是在单位时间内完成管理任务的能力，而管理效益则是指管理行为所带来的实际效果和收益。在体育管理中，通过科学的管理方法和技术手段来优化资源配置和工作流程，可以显著提高管理效率和效益，从而促进体育组织和赛事的顺利进行。

提高管理效率需要从多个方面入手。加强信息化建设，利用现代信息技术手段，如管理信息系统、数据分析工具等，提高信息处理和决策的速度和准确性。优化组织结构和工作流程，减少冗余环节和资源浪费，提高工作效率。管理者还应注重人员培训和素质提升，通过培训和考核，来提高管理人员的专业水平和工作能力，从而提高整体管理效率。

管理效益的提升则需要注重科学决策和绩效评估。科学决策要求管理者在决策过程中，充分利用数据和信息，进行全面、系统地分析和评估，确保决策的科学性和合理性。绩效评估则是通过设定明确的绩效目标和评价标准，对管理行为的效果进行定期评估和反馈，以便及时发现和解决问题，持续改进管理工作。例如，通过设立绩效指标体系，对体育赛事组织的各个环节，如赛事筹备、市场推广、观众服务等进行全面评估，可以有效地提升赛事的管理效益和市场竞争力。

三、体育管理理念的创新

（一）体育管理理念创新的必要性

在当今迅速变化的世界中，体育管理理念的创新显得尤为重要。随着全球化进程的加快，体育产业所面临的市场环境变得日益复杂，受众需求也日趋多样化。传统的管理理念常常难以应对这些变化，导致资源浪费和效率低下。因此，通过创新管理理念，体育组织不仅能够优化资源配置，提高管理效率，还能增强自己的适应能力和竞争力，进而在激烈的市场竞争中立于不败之地。

通过管理理念的创新，体育组织可以大幅提升其整体竞争力。在高度竞争的市场环境中，体育组织需要不断寻找新的发展路径和增长点。管理理念的创新使得体育组织能够更灵活地应对市场变化，抓住新的发展机遇。例如，运用大数据分析和人工智能技术，体育组织能够更加精准地预测市场趋势和了解消费者偏好，从而制定更加科学和有效的战略决策。这种前瞻性和科学性的决策可以显著提升体育组织的市场竞争力。

管理效率的提高是体育管理理念创新的另一个重要益处。传统的管理模式往往依赖于经验和人力，存在信息不对称和决策滞后的问题。通过引入现代管理理念和技术手段，如信息化管理系统和精益管理方法，体育组织能够实现管理流程的标准化和自动化，从而减少人为错误，提高工作效率。这不仅节省了时间和成本，还提高了管理的精确性和科学性，使得体育组织能够更加有效地运作。

体育管理理念的创新对体育文化的传承与发展具有重要意义。在全球化背景下，体育不仅是一项竞技活动，更是一种文化载体。通过创新管理理念，体育组织能够更好地保护和推广传统体育文化，引入国际先进的体育管理经验，丰富体育文化的内涵。例如，通过举办国际体育交流活动，体育组织可以增强不同文化之间的理解与合作，推动体育文化的多元化发展。这不仅有助于提升体育组织的国际形象，也促进了全球体育文化的交流和融合。

(二)体育管理理念创新的实践

体育管理理念的创新需要持续地交流与碰撞，管理理念创新研讨会成为推动这一进程的重要手段。通过组织行业内的专家、学者、管理者及实践者参加研讨会，能够有效促进不同管理理念的分享与交流。研讨会提供了一个开放的平台，参会者可以在其中展示各自的创新成果，讨论管理过程中的实际问题与挑战，激发更多的创新思维。研讨会不仅利于知识的传递，更利于经验的积累和智慧的碰撞，通过这种形式的互动，能够不断完善和深化体育管理理念的创新。

研讨会的内容应涵盖多方面的创新管理理念，包括但不限于组织结构优化、资源整合策略、数字化管理工具的应用以及新型体育项目的管理方法等。通过多元化的议题设置来确保参会者能够从不同角度接触和理解创新管理理念。研讨会还应注重互动性，设置开放讨论环节，鼓励不同背景的参会者提出问题并分享独特的见解和经验。这种互动不仅可以提升参会者的参与感和获得感，还能在讨论中发现新的管理思路和方法。

研讨会的成果应及时总结和推广，以书面报告、视频记录等形式来进行保存和传播，使更多未参会的管理者和从业者也能从中受益。这些成果可以作为后续研究和实践的基础，进一步推动体育管理理念的创新发展。研讨会的组织者还应建立长效机制，定期举办类似的活动，为体育管理理念的持续创新提供一个稳定的平台。

试点项目是验证和推广创新管理理念和方法的重要手段。通过在实际操作中引入和应用新的管理理念，可以观察其在具体环境中的效果和适应性。试点项目应选择具有代表性的体育组织或活动，以确保所获得的结果能够具有广泛的参考价值。在实施过程中，需要设置明确的目标和评价标准，确保能够系统地评估新理念和方法的有效性。

在试点项目过程中，数据的收集和分析至关重要。通过对管理过程中的各项指标进行量化分析，可以客观地评估创新管理理念和方法的实际效果。例如，可以通过观众满意度调查、赛事运营效率、资金利用率等数据来直观地反映出新管理理念的优劣。此外，还应设立反馈机制，收集参与者和管理者的意见和建议，不断地调整和优化管理方案。

对于试点项目的成功经验应及时进行总结和推广。通过编写详细的试点报告，记录项目实施的全过程，包括遇到的问题、解决方法、取得的成果等，为其他体育组织提供借鉴。可以通过举办推广会、发布专业论文、建立案例库等形式，来扩大试点项目的影响力，使更多的体育管理者了解和应用这些创新理念和方法，从而推动整个行业的管理水平提升。

四、体育管理理念对体育事业发展的影响

（一）对体育事业发展的推动作用

科学的管理理念在体育事业中发挥着重要的推动作用。系统化和标准化的管理方法有助于提高体育管理的效率和质量。通过制定明确的目标和规范的流程，来确保各项体育活动和赛事的顺利开展，从而提升整体水平。重视数据驱动和技术应用，通过收集和分析各种体育数据，管理者可以更好地了解运动员的状态、赛事的效果以及观众的需求，进而作出更为精准的决策。这不仅提升了体育项目的专业性和竞争力，也为体育事业的长期发展奠定了坚实的基础。

团队协作和资源优化配置也是科学管理理念的重要内容。在体育组织中，科学的组织结构和管理机制能够更有效地整合各类资源，包括人力、物力和财力，确保各部门和人员的协调合作。创新和持续改进的鼓励使得体育组织能够不断适应变化的环境和需求，保持竞争力和活力。通过科学管理，体育组织不仅能够提高运营效率，还能增强内部凝聚力，促进整体发展。

科学的管理理念还倡导可持续发展理念，注重环境保护和社会责任。在体育事业中，科学地规划和管理能够减少体育活动对环境的负面影响，推动绿色体育的发展。同时，强调社会责任，鼓励体育组织积极参加社会公益活动，提高自身社会形象和影响力。这种理念不仅有助于提高体育事业的整体水平，还能为社会带来积极的影响，推动社会的全面进步。

提升体育组织的管理效能是实现体育活动普及与推广的重要途径。科学的管理理念能够让体育组织更高效地运作，减少资源浪费和管理漏洞，从而提高整体效能。采用先进的管理信息系统，实现对体育活动的实时监控和数据分析，帮助管理者迅速识别问题并采取相应措施。这不仅提高了管理效率，还为体育活动的顺利开展提供了有力保障。

管理效能的提升还体现在对体育活动的组织和推广上。科学的管理理念强调市场导向和需求分析，通过深入了解目标人群的需求和偏好来设计和推出更具

吸引力和参与度的体育项目和活动。同时，重视品牌建设和市场推广，通过精心策划和实施宣传活动来提高体育活动的知名度和影响力，吸引更多人参与。这种全面、系统的管理方法，有助于促进体育活动的普及与推广，推动全民健身和体育文化的发展。

在体育组织的管理过程中，科学的管理理念还注重激励机制和团队建设。通过制定科学的激励政策和绩效评估体系，来激发员工和运动员的积极性和创造力，进而提高整体工作效率和成果。同时，管理者应注重团队建设，培养和提升团队成员的专业素质和合作精神，形成一支高效、和谐的工作团队。这种以人为本的管理理念，不仅提高了体育组织的管理效能，也为体育事业的发展提供了强大的人才支持。

（二）对体育产业的影响

科学管理理念的实施对于提升体育产业的市场竞争力具有重要作用。科学管理强调通过系统化、标准化的管理方法来优化组织结构和工作流程，从而提高整体效率和效益。在体育产业中，科学管理理念的应用可以帮助企业合理配置资源，最大限度地发挥各部门的职能作用，减少不必要的资源浪费和重复劳动。这不仅能够提高企业的运营效率，还能加快市场响应速度，从而使企业在激烈的市场竞争中占据有利地位。通过科学的市场分析和精细化的营销策略，体育企业可以更好地满足消费者的需求，提高客户的满意度和忠诚度。这有助于企业树立良好的品牌形象，增强市场影响力。此外，科学管理理念还强调创新和持续改进，鼓励企业不断推出新产品和服务，以满足市场变化和消费者需求，从而进一步提升自身的市场竞争力。

优化资源配置和管理是提高体育产业经济效益和社会影响力的重要手段。通过科学合理的资源配置，可以确保体育产业各项资源都得到最有效的利用，避免资源浪费和重复投资。例如，通过合理规划体育设施的建设和使用，可以提高场馆的利用率，增加收入来源。同时，通过优化人力资源管理，可以提高员工的工作效率和满意度，降低运营成本，从而提高企业的经济效益。在社会影响力方面，优化资源配置和管理可以促进体育产业的可持续发展。科学管理理念强调社会责任和可持续发展，体育企业在追求经济效益的同时，也应注重社会效益，通过开展公益活动、推广全民健身来提升企业的社会形象和影响力。这不仅有助于增强公众对体育产业的认可和支持，还能为企业赢得更多的社会资源和政策支持，进而形成良性循环，推动整个体育产业的健康发展。

第三节　体育管理的主要特点

一、系统性与整体性

(一)体育管理的系统性

体育管理是一门复杂且系统的学科,涵盖多个关键领域,这些领域包括组织管理、赛事管理、资源管理和场馆管理。每一个领域都有其独立性和特殊性,但它们之间又存在着紧密的相互联系和相互影响,形成一个完整的管理系统。组织管理是体育管理的基础,涉及体育组织的架构设计、职能分配和人员管理等方面。赛事管理则涵盖赛事的策划、执行和评估,目的是确保每一场赛事的顺利进行和高质量呈现。资源管理关注的是资金、设备和人力资源的获取与优化配置,以确保各项活动的顺利进行。场馆管理则包括场馆的建设、维护和运营,保障体育活动的空间和设施条件。这些领域相互交织,共同构成了一套复杂的管理系统,能够为体育事业的发展提供全面支持。

在体育管理的系统性中,整体优化是一个核心目标。管理者在决策过程中不仅要关注各个独立环节的效率和效果,更要考虑到它们之间的相互关系。例如,赛事管理的成功不仅依赖于赛事的策划和执行,还需要资源管理的支持,如资金的合理分配和场馆的有效利用。同时,组织管理的效率和人员的专业素养也会直接影响赛事的质量和观众的满意度。因此,实现整体优化需要协调各个方面的工作,确保每个环节都能够高效运转,并且在整体上形成协同效应。这种整体优化的理念使体育管理不仅是对各个独立领域的管理,更是对整个系统的综合管理。

系统性管理还要求在信息流、物资流和资金流之间建立有效的沟通和协调机制。信息流的畅通可以提高决策的科学性和时效性,确保管理者能够及时地获取和分析相关信息,从而做出准确的判断。物资流的高效管理可以确保各类体育设施和设备的及时供应与维护,避免因物资短缺或设备故障而影响体育活动的正常进行。资金流的合理调配则是保障各项管理活动正常开展的基础,确保各项资金能够得到有效利用。这三者的有机结合能够提高体育管理的整体效率和效果,实现资源的最优配置,为体育事业的发展提供坚实保障。

体育管理的系统性不仅体现在内部各要素的协调上,还包括与外部环境的互动和适应。体育管理需要与政府政策、市场需求和社会文化等外部因素紧密结合。管理者需要时刻关注这些外部环境的变化,及时调整管理策略,以适应新的发展形势。例如,政府的体育政策变化可能会影响资金投入和场馆建设计划,市场需求的变化可能会引导赛事策划的方向,而社会文化的变化则可能会影响观众的观赛习惯和偏好。因此,体育管理的系统性要求管理者要具有全局观念和前瞻性思维,能够在复杂多变的环境中实现稳步发展。

(二)体育管理的整体性

体育管理强调整体协调,要求各部门和环节协同作业,形成合力。这种整体性强调在管理过程中的协调与合作,旨在实现组织目标的效果最大化。体育组织涵盖了从行政管理、赛事运营到市场推广等多个领域,每个环节和部门的工作都紧密相连。整体协调的实现依赖于科学的管理体系和明确的职责划分,通过有效沟通和信息共享,确保各部门能够在同一目标下高效运作。高效的信息传递和资源的优化配置是关键,避免因部门间的孤立操作导致资源浪费和效率下降。

在体育赛事的组织过程中,整体协调尤为重要。赛事的顺利进行需要从前期的筹备、场地布置,到比赛期间的现场管理和安全保障,再到赛后的总结和反馈,每一个环节都需要各部门的紧密配合。通过整体协调,能够预见和预防潜在的风险,确保赛事的流畅进行,提升观众的观赛体验和运动员的参赛感受。这种全方位的协同运作,不仅提高了赛事的质量,还增强了各方的参与感和满意度。

整体性的管理模式能够显著提高体育组织的管理效率。通过整体规划和统筹安排,可以避免资源的重复和浪费。例如,赛事的宣传、赞助的洽谈、场地的安排等都可以通过集中管理来提高效率。各部门的协同作业能够形成合力,提高整体运作效率。信息的共享和流程的优化能够使各部门在各自的职责范围内高效完成任务,从而保证组织的整体运行效率。这种模式不仅节约了时间和成本,还提升了组织的整体效益。

整体性管理在应对突发事件时表现出较强的应变能力。在体育赛事中,常常会出现不可预见的情况,如天气变化、突发安全事件等。在整体性管理模式下,各部门可以迅速协调,及时应对,确保赛事的顺利进行。通过预先制定的应急预案和协同机制,能够在突发事件发生时迅速做出反应,最大限度地降低对赛事的影响,确保观众和参赛者的安全。这种高效的应急处理能力,不仅保障了赛事的连续性,还增强了组织的公信力和可靠性。

二、科学性与实效性

(一)体育管理的科学性

体育管理是一门交叉学科,其核心在于依托科学的理论和方法来实现组织和管理体育活动的目标和任务。管理科学为体育管理提供了系统的框架和方法论,可以使各个管理环节更加规范和高效。通过系统分析、决策理论、组织行为等管理科学的方法,体育管理者能够制定出更加合理的规划、组织、领导和控制策略。此外,经济学的理论和工具在体育管理中也扮演着关键角色。它们能够帮助管理者深入理解市场供需、资源配置和成本控制等经济问题,从而优化体育资源的利用,实现管理效益的最大化。

数据分析和科学决策在现代体育管理中发挥着不可替代的作用,通过运用大数据、数据挖掘和统计分析等技术,管理者能够深入挖掘和分析体育活动中的各类数据。这些数据包括运动员的训练数据、比赛数据和健康数据等,通过科学分析,这些数据可以转化为有价值的管理决策依据。科学决策不仅提高了决策的准确性和可靠性,还有效降低了管理风险,进而可以确保各项管理目标的顺利实现。

科学性在体育管理中的应用还体现在管理过程的系统性和规范性上。科学的管理流程和标准化操作规程确保了体育管理各环节的有序衔接与紧密配合,从而提高了管理工作的效率和质量。例如,大型体育赛事的筹备和组织工作需要从场地选择、设备配置、人员安排到安全保障和观众服务等各个方面严格按照科学的管理流程进行,以确保赛事的顺利进行和圆满成功。

体育管理者的专业素养和管理能力在科学性要求下显得尤为重要。管理者不仅需要掌握体育管理的基本理论和方法,还需要具备较强的实践能力和创新精神。通过不断学习和实践,积累丰富的管理经验,体育管理者能够在复杂多变的管理环境中游刃有余,作出科学、合理的管理决策,从而推动体育事业的健康发展。

(二)体育管理的实效性

在体育管理中,实效性是衡量管理活动是否成功的重要标准。体育管理者需要制定明确的目标,并通过科学的方法和手段来实现这些目标。目标的设定应当具体、可衡量、可实现、相关且有时限(SMART 原则)。在实际操作中,管理者需要不断监测和评估管理活动的进展情况，及时调整策略以确保目标的实现。例如，在体育赛事的组织过程中，管理者需要制订详细的比赛计划、人员安排、资源调配等方案，并在实施过程中根据实际情况进行调整，以确保赛事能够顺利进行并达到预期效果。

体育管理的实效性体现在注重实际操作和具体成果上。管理者应结合实际情况，制定切实可行的管理措施，并确保这些措施能够在实践中顺利实施。例如，在体育场馆的运营管理中，管理者需要制订详细的运营方案，包括场馆的维护、设备的管理、人员的配置等，确保场馆能够正常运行，并为运动员和观众提供良好的服务体验。此外，管理者还需定期对运营效果进行评估，通过数据分析和反馈意见，及时发现问题并进行改进，以不断提高管理水平。

实效性不仅要求管理活动能够取得预期效果，还强调管理过程的科学性与系统性。体育管理者应运用现代管理理论和方法，如项目管理、绩效管理和质量管理等，提升管理的科学性和系统性。例如，在体育项目的规划与实施中，管理者需要运用项目管理的方法，制订详细的项目计划，明确项目的目标、时间、预算和人员安排，并通过项目监控和评估，确保项目能够按计划顺利实施并达到预期目标。此外，管理者还应注重绩效管理，通过制定绩效指标和评估标准，对管理活动进行定量分析和评价，不断改进管理措施，从而提高管理效率和效果。

在体育管理实践中，结合实际案例进行分析是提升管理决策准确性和实效性的有效途径。管理者可以通过研究成功案例，来总结其中的经验和教训，提炼出具有普遍适用性的管理方法和策略。例如，对某大型国际体育赛事的成功举办进行分析，可以了解其在赛事组织、运营管理、危机处理等方面的具体做法，并从中借鉴有益经验，应用于未来的管理实践中。通过案例分析，管理者不仅可以提高自身的管理水平，还能为体育管理领域的发展提供宝贵的实践经验和理论支持。

三、动态性与灵活性

(一)体育管理的动态特征

体育管理作为一项复杂的社会活动，其运行和发展受到多种内外部因素的影响。政策变化，如政府对体育产业的支持力度、体育法规的调整和国际体育组织的政策导向，均会对体育管理产生直接或间接的影响。在市场需求方面，消费者的体育消费观念、体育产品和服务的市场需求变化，也需要管理者的时刻关注。体育赛事的商业化运作、赞助商的投入以及观众的需求变化，都可能会促使体育管理策略的调整。这些变化要求体育管理者不仅要具备敏锐的洞察力，还要具备快速反应和随机应变的能力，以确保体育组织能够在动态环境中保持竞争力和可持续发展。

在动态的体育管理环境中，管理者需要具备前瞻性的视野和预见性，能够提前识别潜在的变化和趋势。例如，在大型体育赛事的筹备过程中，管理者应当关注可能影响赛事进程的因素，如气候变化、公共安全、交通状况等。预见性不仅体现在问题的提前识别上，还体现在对未来机遇的把握上，如新兴体育项目的推广、新技术的应用等。应变能力则是管理者在面对突发事件或不可预见的变化时，能够迅速做出反应并采取有效措施的关键能力。体育管理者需要通过系统的培训和实际操作，不断提高自己的应变能力，确保自己在复杂多变的管理环境中能够游刃有余地应对各种挑战。

(二)体育管理的灵活性要求

在体育管理过程中，灵活性是一项至关重要的能力。体育赛事和活动的计划和实施往往会受到多种因素的影响，如天气变化、突发事件、政策调整等。因此，体育管理者必须具备高度的灵活性，以迅速应对这些不确定性，确保活动能够顺利进行。例如，在大型体育赛事中，当遇到不可抗力因素时，管理者需要快速调整活动时间、地点甚至赛制，以保障赛事的顺利进行和观众的观赛体验。

灵活性不仅体现在应对突发事件上，还包括在日常管理中的调整和优化。体育组织的发展需要不断适应市场需求和政策变化，管理者应根据实际情况来灵活调整战略和战术。通过灵活的管理方法，可以更好地调动资源、激励员工，从而提升组织的整体效能。例如，在面对竞争对手的挑战时，管理者需要迅速调整市场策略，以保持竞争优势。

体育管理的灵活性要求管理者在决策过程中具备敏锐的洞察力和快速反应能力。管理者应根据实际情况，灵活调整管理措施和方法，以适应环境的变化。例如，在体育场馆的运营管理中，管理者应根据观众需求和市场趋势来灵活调整场馆的设施配置和服务内容，以提升用户满意度和场馆利用率。

四、规范性与制度化

(一)体育管理的规范要求

体育管理的规范性是确保体育活动和相关事务能够有序进行的重要前提。

法律法规和行业标准为体育管理提供了明确的指导和框架，使其在实际操作中有据可循。体育管理者需要熟悉并严格遵守相关法律法规，包括《体育法》《反兴奋剂条例》等，以保障体育活动的合法性和公正性。体育管理行业的标准，如《国家体育总局体育行业标准》和国际体育组织的规定，也为管理者提供了具体的操作指南。通过依照这些法律法规和标准进行管理，能够有效地防止违规行为，维护体育活动的公平性和透明度。

在制定管理制度和措施时，必须全面考量相关法律法规和行业标准的要求，将其融入管理体系中。例如，在体育赛事的组织过程中，需要严格执行安全管理规定，确保场地设施符合相关标准，保障运动员和观众的安全。在运动员选拔和比赛过程中，应遵循公平竞争的原则，防范和打击使用兴奋剂等非法行为。通过这些措施，体育管理的规范性才得以体现和落实，从而提高整体管理水平。

规范管理制度的制定和实施是体育管理规范化的重要手段。管理制度是体育组织运行的基础，涵盖了从组织架构、人员管理、财务管理到赛事组织等各个方面。管理者应根据实际需求和法律法规的要求，建立科学、合理的管理制度，使每个环节都有章可循。例如，制定详细的岗位职责和工作流程，明确各岗位的职责范围和工作要求，从而提高工作效率和规范性。

在实施管理制度的过程中，体育管理者需要进行有效的监督和评估，确保制度能够落实。通过定期检查和评估，可以发现管理中的问题和不足，并及时进行调整和改进。管理者还应注重对员工的培训和教育，提高其对管理制度的理解和执行能力。通过这些措施，能够不断提高体育管理的规范化水平，确保各项管理工作有序进行，推动体育事业的健康发展。

(二)制度化管理的实施

制度化管理在体育管理中扮演着至关重要的角色。它不仅是规范管理的具体体现，还通过一系列制度的制定、实施和监督，确保体育管理活动的有序开展。

1.制定制度

制度的制定是制度化管理的起点，这一过程需要综合考虑体育组织的具体情况、目标以及外部环境的影响。制定科学合理的管理制度，能够为体育管理提供明确的行为规范和操作指南，从而减少在管理过程中存在的随意性和不确定性。

2.执行力

即便有再完善的制度，如果在实施过程中不能严格按照制度要求执行，也无法达到预期的管理效果。体育管理机构需要通过培训、宣传等方式,确保全体成员能够了解并熟悉各项管理制度。同时,应建立相应的激励和约束机制,激励成员按制度办事,并对违反制度的行为及时进行纠正和处理。

3.监督

监督是制度化管理的重要环节,也是确保制度有效执行的保障。监督机制的建立应当覆盖管理活动的各个方面,包括制度的执行情况、效果评估以及问题整改等。通过定期和不定期的检查、内部审计等手段,可以及时发现和解决在制度执行过程中存在的问题,从而不断完善管理制度,提高管理的科学化和规范化水平。

健全的管理制度是体育组织得以高效运作的基础。管理制度的建立需要系统性和全面性,涵盖体育组织的各个层面和各项活动。一个完善的管理制度体系应当包括组织结构、岗位职责、工作流程、财务管理、风险控制等多个方面。科学系统的管理制度可以明确各个岗位的职责和权限,优化工作流程,提高工作效率,降低管理风险。

五、参与性与合作性

(一)体育管理的参与机制

体育管理作为一个复杂的系统工程,涉及多个利益相关者的广泛参与和密切合作。要实现体育事业的可持续发展和社会和谐进步,需要从政府、企业、社区和公众等多层次、多维度去调动各方力量,建立健全的参与机制。

政府在体育管理中扮演着政策制定者和执行者的角色,同时是资源的提供者。通过制定和实施体育政策、法规,政府能够提供必要的财政支持和公共服务,推动体育基础设施的建设和完善。此外,政府还应当积极引导社会各界共同参加体育管理,形成良好的社会氛围,提高全民健身水平和促进体育事业的整体发展。

企业作为市场经济的重要组成部分,在体育管理中具有重要作用。通过赞助体育赛事、投资体育产业和参与体育项目运营,企业能够为体育事业提供必要的资金和资源。企业的市场化运作可以提高体育管理的效率和效果,促进体育产业的发展,带动相关产业链的延伸和升级,从而为体育事业注入新的活力。

社区是体育管理的重要基础。社区体育是全民健身的重要组成部分,能够促进居民的健康和社会和谐。通过建立社区体育组织,开展丰富多彩的体育活动,并提供便捷的体育服务,可以增强居民的体育参与感和获得感。同时,社区体育管理需要与政府、企业等各方密切合作,共同推动社区体育的发展,为居民提供更好的体育健身环境。

公众是体育事业的主体,体育管理需要充分尊重和满足公众的体育需求。通过建立公众参与机制,确保公众在体育管理中能够广泛参与和有效表达,可以提高体育管理的科学性和民主性。公众参与不仅可以在政策制定和实施过程中发挥监督和评估作用,还能够增强社会对体育事业的认同感和支持力度,提高体育管理的透明度和公信力。

(二)体育管理的合作模式

在体育管理过程中存在的合作模式是其重要特征之一。合作不仅是实现资源共享的重要手段,还能通过优势互补提升组织的整体效能。在现代体育管理中,合作的对象不仅局限于体育组织内部,还包括政府部门、企业、非营利组织以及国际体育机构等多方主体。通过合作,各方可以共享资源、信息和经验,从而在设施建设、赛事运营、人才培养等方面形成合力,提高整体管理水平。体育管理领域的合作模式包括纵向合作和横向合作。纵向合作主要是指体育组织与上级主管部门、赞助商等的合作,通过政策支持、资金注入等方式来实现资源整合和优势互补。而横向合作则更多地体现在同级或跨级体育组织之间的协作,尤其是在大型赛事的组织和运营中,通过不同组织之间的合作可以实现信息资源的共享和技术的互补,从而提高赛事的整体质量和观众体验。

建立有效的合作机制是在体育管理中实现协同效应和提高管理效率的关键。合作机制的建立需要明确各方的权责分工和利益分配,以确保各方在合作过程中能够积极参与且受益。有效的合作机制不仅有助于增强各方的协同效应,还能通过规范化的管理流程和信息共享平台,来减少管理中的冲突和摩擦,进而提高整体管理效率。在实践中,成功的体育管理合作机制通常包括定期的沟通与协调会议、明确的合作协议和绩效评估体系等。通过定期的沟通和协调,各方可以及时了解合作进展,解决在合作过程中出现的问题,并根据实际情况对合作内容进行调整和优化。合作协议则是规范各方行为的重要文件,它明确了各方的权利和义务,为合作的顺利进行提供了法律保障。而绩效评估体系则通过对合作效果的科学评估来进一步促进各方的积极性和合作的持续改进。

第四节　体育管理的基本原则

一、系统性原则

(一)系统性原则的内涵

体育管理学中的系统性原则强调，管理者在管理过程中需要全面考虑各个要素之间的相互关系和影响。体育管理涉及多种要素，包括运动员、教练、资源、赛事组织、市场营销等。这些要素不是孤立存在的，而是相互联系、相互影响。例如，运动员的训练效果不仅取决于教练的指导，还受到训练设施、营养支持、心理辅导等多方面的影响。因此，只有全面考虑各要素之间的关系，才能实现有效的管理。

系统性原则在具体实践中要求体育管理者在制定管理策略时，必须进行全面的分析和统筹规划。以体育赛事的组织为例，赛事的成功不仅依赖于场地和设备的准备，还需要考虑观众的需求、媒体的报道、赞助商的参与等多个方面。如果忽视任何一个要素，都可能会导致赛事的整体效果不佳。因此，体育管理者在规划和执行过程中，必须全面考虑各要素之间的关系，确保每个环节都能协同运作，达到最佳效果。

系统性原则不仅强调要考虑各要素之间的相互关系，更强调要实现整体优化，避免片面和孤立的管理行为。在体育管理中，片面和孤立的管理行为往往会导致资源浪费、效率低下，甚至会影响整体目标的实现。例如，如果在体育俱乐部的管理中，管理者只注重提高运动员的竞技水平，而忽视了运动员的心理健康和职业发展，那么即使短期内使运动员的竞技成绩有所提升，长期来看也可能导致运动员心理问题、职业生涯短暂等不良后果。

体育管理者在实际操作中，需要从全局出发，统筹兼顾各方面的需求和利益，进行系统的规划和管理。通过整体优化来实现资源的合理配置和最大化利用，确保各个环节都能协同运作，最终达到组织的整体目标。结合现代管理理论，如平衡计分卡、系统动力学等，可以为体育管理者提供科学的工具和方法，帮助其在复杂的管理环境中实现系统性优化。

(二)系统性原则的应用

在体育组织管理中,系统性原则有助于提高管理的协调性和整体效能。系统性原则在体育组织管理中具有至关重要的作用,它强调各个管理环节的相互联系与协调。体育组织往往会涉及多个部门和层级,如竞技部门、训练部门、后勤保障部门等。通过应用系统性原则,管理者可以确保各部门的目标一致,资源合理分配,从而提高整体效能。例如,在制订训练计划时,竞技部门与医疗部门需要密切合作,确保运动员在高强度训练下不会受伤,优化他们的恢复过程。系统性原则不仅有助于各部门之间的协调,更能够提升组织的整体效能和应变能力。

系统性原则还能提高体育组织的决策效率。由于体育组织的各项工作相互关联,单一部门的决策往往会影响整体运营。通过系统性原则,管理者可以从全局视角出发,综合考虑各方面因素,从而作出更为科学和有效的决策。例如,在资源配置上,通过系统性分析,能够确保资金、人力等资源的最优分配,避免资源浪费和重复投入,从而提高组织的运营效率和效益。系统性原则的应用不仅提升了决策的科学性,还提升了资源的利用率,使得体育组织在竞争中更具有优势。

在体育赛事管理中,可以通过系统性原则,确保赛事各环节的顺利进行。体育赛事的管理是一个复杂的系统工程,涉及赛事策划、场馆安排、参赛者管理、观众服务等多个环节。系统性原则在其中发挥了关键作用,通过整体规划和协调,确保各环节有序进行。比如,在大型赛事的筹备过程中,赛事组织者需要同时考虑场地安排、赛程设置、志愿者管理、安全保障等多方面内容。通过系统性原则,可以实现这些环节的无缝衔接,以确保赛事的顺利进行。

系统性原则还帮助赛事管理应对突发事件和风险。天气变化、突发性安全事件等都可能会对赛事产生影响。通过系统性原则,赛事管理者可以建立全方位的应急预案,并在事件发生时迅速协调各个相关部门,及时采取应对措施,减少对赛事的负面影响。系统性原则不仅能够提高赛事管理的效率和质量,也能够提升观众的观赛体验,增强赛事的品牌价值和影响力。通过对各环节的全面控制和预见性安排,赛事管理能够更加从容地应对各种挑战,确保赛事能够成功举办。

二、目标导向原则

(一)目标导向的定义

目标导向原则在体育管理学中具有重要的地位,它强调在管理过程中以明确的目标为导向，制定和实施管理措施。这一原则要求管理者在决策和行动过程中，时刻关注既定目标，并通过有效的管理措施，确保各项活动都能够朝着目标方向推进。目标导向不仅仅是设定目标，更重要的是将这些目标嵌入管理的各个环节中，从而实现系统化管理。

在体育管理中，目标导向原则的实施体现在多个层面。例如，在大型体育赛事的组织过程中，管理者需要设定清晰的赛事目标，如提升赛事影响力、增加观众参与度、提高运动员成绩等。管理者通过制订详细的计划和措施，如市场推广策略、运动员训练计划和观众互动方案等，确保所有活动围绕这些目标展开，并通过持续的监控和评估，及时调整策略，确保目标的实现。

目标导向原则还强调目标的设定应具有 SMART 特征，即具体(Specific)、可测量(Measurable)、可实现(Achievable)、相关性(Relevant)和时间性(Time-bound)。在体育管理中，这意味着目标应当具体明确，如提高某项运动的全国排名；应当可测量，如通过具体的比赛成绩或观众数量来衡量；应当现实可行，符合实际情况和资源条件；应当与整体战略相关，如与提高体育产业整体水平相关；应当具有明确的时间界限，如在一年内达成目标。

(二)目标导向的实施

在体育管理中，设定具体的管理目标是至关重要的。管理目标的设定必须紧密围绕组织的使命和愿景展开。使命和愿景是组织存在的根本理由和未来发展的方向，因此，管理目标的设定应反映这些核心价值观和长期战略。体育组织需要通过深入分析其使命和愿景，来明确其核心竞争力和市场定位，进而设定一系列具体、可衡量、可实现的短期和长期目标。这些目标不仅要与组织的整体战略保持一致，还应考虑到组织内外部环境的变化，确保目标的设定具有前瞻性和可操作性。

在明确管理目标后，制订详细的管理计划是实现这些目标的关键步骤。管理计划应包含具体的行动步骤、时间节点、资源配置以及责任分工等内容。应详细列出实现每个目标所需的步骤和行动，确保每个环节都能够有明确的任务指引。时间安排必须合理，既要考虑各项任务的先后顺序和时间要求，也要预留足够的缓冲时间，以应对可能会出现的突发情况。资源配置是管理计划的重要组成部分，应确保对人力、物力、财力等资源的合理分配和高效使用。明确责任分工也是管理计划成功实施的保障，每项任务都应有具体的负责人，确保责任到人，提高执行力和效率。

通过目标导向原则的实施,体育组织可以实现管理活动的系统化和标准化,进而提高整体管理水平和运营效率。目标导向不仅是设定目标和制订计划,还包括对目标实现过程的持续监控和评估。体育管理者需要定期检查各项任务的进展情况,及时发现和解决问题,确保各项管理活动都能够按照计划有序进行。同时,通过对目标实现情况的评估,管理者可以总结经验教训,优化管理流程,进一步提升组织的管理能力和竞争力。通过这些措施,体育组织能够在激烈的市场竞争中保持领先地位,实现可持续发展。

三、效率优先原则

(一)效率优先的意义

效率优先原则在体育管理中具有重要的意义,强调在管理过程中追求资源的高效利用和管理效能的最大化。通过优化资源配置和管理流程,确保体育组织能够在有限的资源条件下实现最佳的运营效果。这一原则的应用不仅能够减少浪费和降低运营成本,还可以提高组织的整体管理水平和竞争力。科学的时间管理和任务分配是实现效率优先的关键手段,能够确保各项工作有条不紊地进行,避免资源的重复浪费和不必要的延误。

体育组织往往会面临资源有限和人力有限的挑战,效率优先原则的应用显得尤为重要。通过引入先进的管理工具和技术手段,如信息化管理系统和数据分析技术,可以进一步提升管理效能,增强决策的科学性和准确性。这不仅有助于提高运营效率,还能在市场变化和外部环境的挑战中迅速做出响应,保持组织在行业中的领先地位。

提高管理效率对于提升体育组织的竞争力和可持续发展能力也具有重要意义。高效的管理能够更好地满足参与者和利益相关者的需求,提高服务质量和用户满意度,从而增强组织的品牌价值和社会影响力。持续优化管理流程和创新管理模式,使体育组织能够实现长期的可持续发展,保持健康稳健的运营态势。通过不断提高管理水平,体育组织不仅能应对当前的挑战,还能为未来的发展奠定坚实的基础。

(二)效率优先的措施

在体育管理过程中,优化管理流程和方法是提高工作效率的关键步骤之一。

明确职责分工是第一要务，要确保每个管理环节都有专人负责，以此减少因职责不清而导致的工作延误和资源浪费。简化审批流程，减少不必要的层级，提高信息传递和决策的速度，能够有效提高管理效率。引入标准化操作程序，确保各项工作都能在既定的时间框架内高效完成，进一步提高管理的准确性和一致性。定期进行管理流程的审查和改进，及时发现并解决潜在问题，将进一步优化管理效能，使体育管理更加高效和有序。

信息化管理系统在现代体育管理中的应用，极大地提高了管理效率和效果。利用信息化管理系统，可以实现数据的实时采集、分析和共享，避免了传统手工记录和数据处理的烦琐，提高了信息的准确性和及时性。信息化系统还能够实现资源的优化配置，通过智能调度和预测分析，确保人力、物力和财力资源能够得到最大化利用。大数据技术的应用，可以对过去的管理实践进行分析，总结经验教训，为未来的决策提供科学依据，增强决策的准确性和前瞻性。

信息化管理系统还能够增强管理的透明度和可追溯性。通过系统化地记录各项管理活动，能够清晰地追溯到每个环节的责任人和操作过程，避免了因信息不对称而带来的管理漏洞和失误。这不仅有助于提高管理的公正性和透明度，还能够增强各方对管理工作的信任度。信息化管理系统支持移动办公和远程管理，打破了时间和空间的限制，使管理者能够随时随地掌握和处理事务，极大地提高了管理的灵活性和反应速度。

四、公平公正原则

（一）公平公正的定义

在体育管理中，公平公正原则是指在管理过程中，确保资源和机会的公平分配，维护管理活动的公正性。这不仅涉及体育赛事的组织和运营，还涵盖体育资源的分配和使用、体育教育和培训、体育设施的建设和维护等各个方面。通过遵循这一原则，可以有效地避免资源垄断和机会不均的现象，确保每一位参与者都能在同等条件下获得发展机会，从而促进体育事业的健康发展和可持续发展。

公平公正原则在体育管理中是基本要求，它能够提升管理的透明度和公信力。体育管理活动涉及大量的利益相关者，包括运动员、教练员、裁判员、观众和赞助商等。公平公正的管理可增强各方对管理机构的信任和支持，减少矛盾和冲突，推动体育事业的顺利进行。通过公开透明的管理流程和决策机制，可以确保各方的知情权和参与权，从而使管理活动更加规范化和制度化。

在实际操作中，落实公平公正原则需要科学合理的管理制度和流程。体育管理机构应制定明确的资源分配和使用规则，确保资源配置的公开化和透明化。在体育赛事的组织和裁判过程中，严格按照规则和标准进行操作，避免任何形式的偏袒和不公正行为。同时，应建立有效的监督和反馈机制，对管理活动进行全程监督，及时发现和纠正不公平现象。

（二）公平公正的实施

在体育管理中，资源配置和人员管理是关键环节，必须严格遵循公平公正的原则。资源配置应根据实际需求和科学评估结果来进行，确保资源的合理分配和最大化利用。例如，在体育设施的分配上，应综合考虑各项目的实际需要和发展潜力，避免出现资源过度集中或分配不均的现象。各类体育资源应面向所有参与者开放，不得因性别、年龄、种族等因素而导致差别对待。这不仅可以提高体育资源的利用效率，还能促进各类体育项目的全面发展，提高整体竞技水平。

在人员管理方面，公平公正的原则同样至关重要。无论是教练员、运动员，还是管理人员，都应在招聘、培训、晋升等各环节得到平等的对待和机会。体育管理机构需要建立透明的招聘和晋升机制，明确各岗位的职责和要求，防止因个人偏好或其他非专业因素而影响决策。建立有效的沟通渠道和申诉机制，使每个成员都能表达意见和解决纠纷，确保团队内部的和谐与稳定。这不仅有助于提升团队凝聚力，还能激发个体的潜力和积极性。

体育管理的公平公正不仅体现在具体的操作上，更需要通过制度化的建设来保障。管理制度应明确规定各类资源和人员管理的标准和流程，确保每个环节都有章可循。建立公平的评估机制是关键，通过定期的绩效评估和反馈，确保每个成员的努力和贡献都能够得到公正的认可和公平的回报。例如，可以引入多维度的绩效评估体系，综合考虑工作质量、团队合作、创新能力等方面的表现，避免单一指标的片面性和局限性。

透明度是确保公正的重要手段。体育管理机构应定期公布管理活动的决策过程和结果，包括资源分配、人员任免、绩效评估等，接受全体成员和公众的监督。通过信息公开和透明操作来增强管理活动的信任度和公信力。此外，建立有效的监督和问责机制，对于不公行为要及时纠正和处理，维护管理制度的严肃性和权威性，确保体育管理活动始终能够在公平公正的轨道上运行。

五、规范管理原则

(一)规范管理的内涵

规范管理原则在体育管理中具有重要意义,它要求在管理过程中严格依据相关法律法规和标准,确保管理活动的规范化。此原则的核心在于通过明确的规范和标准,保证体育管理各个环节的合法性和合理性,从而促进体育事业的健康发展。具体而言,规范管理不仅包括对管理制度的制定和实施,还涉及对各类体育活动、赛事和训练的监督与评估,确保每一个环节都能够符合既定的法律法规和标准。

规范管理需要制定和执行详细的管理制度,这些制度应涵盖体育管理的各个方面,包括人事管理、财务管理、场馆管理、赛事组织和安全保障等。通过科学、系统的管理制度,能够提升管理的有序性和有效性,减少管理中的随意性和不确定性,进而提高体育管理的总体效率和水平。管理者应根据实际情况和行业发展趋势,不断完善和更新管理制度,以适应新形势与新要求。

规范管理还需要建立健全的监督和评估机制。监督机制的建立将有助于确保各项管理活动都能够按照既定的规范和标准进行执行,预防和纠正管理中的违规行为。评估机制则通过对管理活动的效果进行评估,提供反馈意见,为管理制度的改进和优化提供依据。监督和评估机制的有效运行,能够保障规范管理原则的贯彻落实,提升体育管理的透明度和公信力。

规范管理不仅是对管理活动的要求,也是对管理者的要求。管理者在执行规范管理原则时,应具备较高的法律意识和管理能力,要能够准确理解和运用相关法律法规和标准。在具体操作中,管理者应注重细节,严格按照规范和标准进行管理,避免因疏忽或不当操作而造成管理失误。同时,管理者应具备较强的协调和沟通能力,能够在制度执行过程中处理好各方面的关系,确保管理活动的顺利进行。

(二)规范管理的实施

在体育管理中,建立健全的管理制度和流程,是确保管理活动规范化的关键。体育管理机构应制定详细的规章制度,涵盖赛事组织、场馆管理和运动员的日常训练与生活等方面。赛事组织的制度应包括赛事申报、审批、执行与评估等环节，确保赛事能够按计划有序进行。场馆管理制度应明确场地使用、维护与安全保障的内容，确保场馆的高效利用和安全运行。运动员管理制度则需涉及训练计划的制订、营养与医疗保障、心理辅导等方面，保障运动员的全面发展与竞技状态。

流程化的管理是实现制度落地的重要手段。管理流程的设计应体现系统性和连贯性，确保各项管理活动环环相扣，避免出现管理真空或重复劳动。通过信息化手段，如体育管理信息系统，可以实现管理流程的标准化和自动化，提高管理效率和准确性。例如，使用电子化的赛事报名系统，可以简化报名流程，减少人为操作失误，便于数据的统计和分析。

定期的检查和评估是实现规范管理不可或缺的环节。通过定期检查，可以及时发现在管理制度执行过程中的问题和不足。例如，检查场馆的安全设施是否符合标准，运动员的训练计划是否得到有效执行等。评估不仅包括对现有制度和流程的效果评估，还应涉及对管理人员和相关工作人员的绩效评估，以确保所有参与者都能按制度要求履行职责。

为了保证检查和评估的客观性和科学性，体育管理机构应制定明确的评估标准和程序，并配备专业的评估团队。评估结果应详细记录，并形成报告，作为改进管理的重要依据。通过分析评估报告，可以发现管理中的薄弱环节，并采取有针对性的改进措施。若发现某些环节的管理效率低下，可以通过调整制度或优化流程来提高效率。

持续改进是规范管理的重要目标和最终目的。管理制度和流程并不是一成不变的，应根据实际情况和发展需要来不断优化和完善。通过定期的反馈机制，听取各方意见，特别是基层管理人员和运动员的建议，可以为制度和流程的改进提供重要参考。总之，规范管理原则的实施，需要通过建立健全的管理制度和流程，结合定期检查和评估，实现管理的持续改进，从而确保体育管理活动的规范化和高效化。

第二章 体育管理的方法与内容

第一节 体育管理的基本方法

一、体育管理的系统方法

（一）系统方法的定义

系统方法是指将体育管理作为一个整体、复杂的系统来进行研究和操作的方法论。在体育管理中，该方法强调整体性和关联性，注重各个组成部分之间的相互作用及其对整体效果的影响。系统方法不仅关注各个单独要素的功能，还强调通过优化这些要素之间的关系来提升整体管理效能。

在体育管理中，系统方法涵盖对体育组织、资源、活动、人员等各个方面进行的系统化的规划和协调。通过系统方法，可以有效地识别并解决在管理过程中可能会出现的各种问题，确保体育管理的各个环节能够有序、高效地运作。核心在于强调系统之间的动态平衡和协同作用，这对于实现体育管理目标具有重要意义。

在实际操作中，系统方法通常涉及对管理对象的全面分析，识别其结构和功能关系，并通过科学的管理手段来进行优化配置。比如，在体育赛事的组织管理中，系统方法要求管理者不仅要考虑赛事的筹备和执行，还要综合考虑赛事的宣传、市场营销、后勤保障等多方面因素，确保各环节能够协调运作，最终实现赛事的成功举办。

（二）系统方法的应用

体育管理领域的复杂性和多样性使得系统方法成为一种极为有效的管理工具。通过系统方法，管理者可以从整体上把握体育组织的运作，全面了解组织内部各个要素及其相互关系，从而制定更加科学和有效的管理策略。在大型体育赛事的组织过程中，系统方法能够识别和整合不同部门的工作，确保各项活动协调一致，从而提升赛事的整体质量和效果。这种整体性视角不仅有助于资源的合理配置，还能实现各部门的协同工作，最终提高管理效率和赛事的成功率。

信息的收集与分析在体育管理中具有重要意义。体育管理涉及大量的数据和信息，系统方法能够帮助管理者有效地收集、处理和分析这些信息，从而使管理者做出更为准确和科学的决策。例如，通过系统化的数据分析，管理者可以了解运动员的训练效果、观众的反馈和市场的变化，从而调整管理策略，提高管理效率和效果。这种科学的决策过程不仅可以减少盲目性，还能显著提升管理的精确度和响应速度。

反馈机制的建立和完善是确保管理策略和措施有效性的关键环节。在体育管理中，系统化的反馈机制可以帮助管理者及时了解各项管理措施的执行情况和效果，从而进行必要的调整和改进。例如，在体育俱乐部的运营管理中，系统化的反馈机制可以帮助管理者及时地发现和解决问题，从而提高俱乐部的运营效率和服务质量。这种持续的反馈和改进过程能够确保管理措施的动态优化，进而提高整体管理水平。

系统方法在资源配置和管理中也发挥着重要作用。体育管理涉及大量的资源配置，如人力资源、财务资源和物资资源等。通过系统方法，管理者可以全面地分析和优化资源配置，提高资源利用效率。在体育场馆的建设和运营管理中，系统方法能够帮助管理者合理配置各类资源，确保场馆的高效运营和可持续发展。这不仅有助于对资源的高效利用，还能为体育场馆的长期发展打下坚实基础。

二、体育管理的目标管理法

(一)目标管理法的基本概念

目标管理法(Management By Objectives, MBO)是一种通过设定明确的目标来引导和评估组织及其成员绩效的管理方法。其核心在于通过共同确定目标，来使各级管理者和员工在明确的目标指引下共同努力，从而提高组织的整体效能。目标管理法强调目标的设定必须具体、可衡量、可实现、相关性强且有时间限制，即所谓的 SMART 原则。

在体育管理中，目标管理法的重要性尤为突出。体育组织涉及的项目多样、任务复杂，明确且可量化的目标有助于各部门和人员明晰职责，确保资源配置合理，并有效推动工作进展。例如，在体育赛事的筹备过程中，目标管理法可以帮助确定关键节点和任务，确保每个阶段的工作都有明确的目标和评估标准，从而提高赛事组织的效率和质量。

目标管理法的实施需要注意目标的层级性和协调性。在体育管理中，目标可以分为战略目标、战术目标和操作目标三个层级。战略目标通常是长期的、宏观的，如提高某一运动项目的国际竞争力；战术目标则是中期的、具体的，如在下一届奥运会上取得若干枚奖牌；操作目标则是短期的、细化的，如在训练周期内完成特定的体能提升任务。在各层级目标之间应保持一致性和协调性，确保战略目标的实现。

（二）目标管理法的实施步骤

目标管理法是确保体育管理工作高效运行的重要方法。其实施步骤包含明确的目标、分解与分配、实施与监控、评估与反馈等环节，每个环节环环相扣，共同构成一个闭环管理体系。

1. 确立明确的目标

管理者需要与员工共同参与，明确各自的职责和期望，确保每个目标都具体、可测量、可实现、相关性强且有时间限制（SMART 原则）。通过这种方式，目标不仅成了激励员工的工具，还能为体育组织的整体战略提供清晰的方向。明确的目标有助于统一团队的努力方向，使每个人都能够清楚自己的工作重点和工作标准。

2. 目标的分解与分配

目标的分解与分配是确保每个环节都有明确任务和责任的重要步骤。将总体目标细化为各个部门、团队和个人的具体任务，使每一个环节都有明确的任务和责任。这不仅能够提高工作的针对性和效率，还能够增强员工的责任感和参与感。体育管理者需要根据每个部门和员工的能力与资源，合理分配目标，确保各个环节能够无缝衔接。通过这样的分解和分配，能够使得每个团队成员都明确自己在实现整体目标的过程中的作用。

3. 目标的实施与监控

在这一过程中，管理者需要持续跟踪目标的进展情况，发现问题并及时调整策略。建立有效的沟通机制，定期召开会议，反馈目标实施情况，解决存在的问题。通过这种动态管理，确保目标朝着预期的方向发展，并在必要时进行修正。监控过程不仅是对工作进展的监督，更是对工作方法和策略的不断优化。

4.目标的评估与反馈

管理者需要对目标的达成情况进行全面评估，总结经验教训，并将结果反馈给相关人员。通过客观、公正的评估，不仅可以检验目标的实现程度，还能为未来的目标设定和实施提供有价值的参考。建立有效的激励机制，对完成目标的个人和团队给予相应的奖励，以此来激发员工的积极性和创造力。评估与反馈使得整个管理过程形成闭环，不断提高组织的管理水平和工作效率。

三、体育管理的定量分析方法

定量分析方法在体育管理中具有重要的应用价值，其基本原理主要包括收集、处理和分析数据，以便对体育管理中的各项活动进行科学地决策和优化。数据的准确性和全面性是定量分析的基础，通过对大量相关数据进行统计和分析，可以揭示出体育活动和管理过程中的规律和趋势，为管理者提供科学依据。

在数据的收集与整理阶段，需要通过多种手段来获取与体育管理相关的各种数据。这些手段包括问卷调查、实验研究、历史数据挖掘等，数据类型可以是定量数据，如比赛成绩、运动员的身体指标等，也可以是定性数据，如运动员的心理状态、观众的满意度等。数据的整理则需要对原始数据进行分类、编码和初步处理，以确保数据的准确性和可靠性。

数据的分析是定量分析方法的核心环节。通过使用统计学和数学模型，管理者可以对收集的数据进行深入的分析。例如，可以使用回归分析、方差分析、因子分析等方法，揭示数据之间的相关性和因果关系。这些分析方法能够帮助管理者识别出影响体育活动效果的关键因素，并据此来制订针对性的管理策略。此外，定量分析还可以应用于预测和模拟，通过建立数学模型来对未来的体育活动进行预测，为体育管理提供前瞻性的指导。

结果的解释和应用同样重要。分析结果需要通过科学的方法来进行解释，确保其具有实际意义和可操作性。管理者根据分析结果，制定相应的管理措施和决策，如优化训练计划、调整赛事安排、提升观众服务等。这些措施和决策的实施，可以有效提高体育管理的效率和效果，实现体育事业的可持续发展。

四、体育管理的精益管理法

(一)精益管理法的基本概念

精益管理法是一种旨在通过持续改进和消除浪费来提高效率和质量的管理方法。其核心理念是最大限度地利用资源,减少不必要的流程和操作步骤,以创造更多的价值。随着时间的推移,精益管理法逐渐被引入了服务业、医疗卫生以及体育管理等。

在体育管理中,精益管理法的应用主要体现在提高组织效率、优化资源配置和提升运动员及管理人员的工作绩效。通过分析和改进体育组织的管理流程,精益管理法能够帮助管理者发现并消除浪费,优化资源的使用,提高团队的协作效率。例如,通过精益管理法,体育俱乐部可以更有效地管理训练时间、设施使用和人力资源,从而提高整体的运营效率。

精益管理法强调以客户为中心,这在体育管理中可以理解为以运动员和观众为中心。通过精益管理法,体育组织可以更好地满足运动员的需求,提高他们的训练和比赛体验,同时也能提升观众的观赛体验。例如,通过精益管理法的应用,赛事组织者可以优化赛事安排、改善场馆设施和提升服务质量,从而吸引更多观众,进而提高赛事的商业价值。

精益管理法还注重团队协作和员工参与,这与体育管理中的团队建设和员工激励可以很好地契合。通过精益管理法,体育组织可以建立起一个高效的团队协作机制,鼓励员工参与到管理和改进的过程中。这样不仅能提高员工的工作积极性和满意度,还能通过集思广益,发现更多的改进机会,进一步提升组织的管理水平。

(二)精益管理法的实施策略

精益管理法的实施策略在体育管理中具有重要意义,它能够显著地提高体育组织的运营效率和资源利用率,是实现高效管理和可持续发展的关键手段。

在体育管理中,精益管理法强调对浪费的识别和消除。详细的流程分析和评估是实现这一目标的基础。管理者需要仔细分析每个环节,识别出非增值活动,并通过优化流程、消除冗余和重复工作来减少浪费。比如,在赛事组织过程中,可以通过优化赛程安排和资源配置,减少场地和人员的闲置时间,从而提高整体管理效率。这种做法不仅节省了资源，还能使赛事更加紧凑和高效。

精益管理法注重持续改进和员工参与，这在体育管理中同样适用。建立反馈机制和定期评估是实现持续改进的有效手段。管理者应鼓励员工积极提出改进建议，并通过团队协作来解决问题和优化流程。通过这种方式，不仅可以不断提高管理水平和服务质量，还能够增强员工的归属感和参与感，进而提升组织的凝聚力和战斗力。员工的积极参与是精益管理取得成功的关键因素之一。

客户价值最大化是精益管理法的核心理念之一。在体育管理中，客户不仅包括观众和参赛者，还包括赞助商和其他利益相关者。管理者需要以客户需求为导向，为客户提供高质量的服务和产品。例如，在赛事营销中，通过精准的市场调研和数据分析，来了解观众的需求和偏好，并据此规划赛事内容和营销策略，从而提升观众的满意度和忠诚度。满足客户需求是提升体育赛事品牌和影响力的重要途径。

标准化和规范化管理是精益管理法的重要组成部分。在体育管理中，标准化管理可以通过制定明确的管理制度和操作流程来实现。这不仅有助于提高工作效率和管理水平，还能够确保各项工作的质量和一致性。例如，在体育场馆的运营管理中，建立标准化的维护保养流程，确保场馆设施的安全和正常使用，从而提升场馆的服务质量和用户体验。标准化管理是确保高效运作和服务质量的基础。

第二节　体育管理的主要职能

一、计划职能

（一）计划职能的定义

计划职能在体育管理中起着至关重要的作用，它指的是管理者预见未来的发展趋势和可能遇到的挑战，制定相应的策略和行动方案，以确保组织目标的实现。计划职能不仅是对未来的预测，还包括具体的目标设定、资源分配、任务安排和进度控制等多个方面，通过系统的规划和科学的决策来确保体育组织能够在复杂多变的环境中保持竞争力和可持续发展。

在体育管理中，计划职能的实施需要综合考虑多种因素，包括内外部环境的变化、组织自身的资源与能力、市场的需求与趋势等。例如，在组织一次大型体育赛事时，管理者需要提前制订详细的计划，包括场地选择、设备采购、人员安排、宣传推广等各个环节，以确保赛事的顺利进行和预期目标的实现。通过科学合理的计划，体育组织不仅能够提高工作效率，还能有效应对各种突发情况，降低运营风险。

计划职能还具有战略性和灵活性。战略性体现在计划的长远性和全局性，需要管理者在制订计划时考虑到组织的长远发展目标和整体利益；灵活性则要求管理者在计划实施过程中能够根据实际情况来进行调整和优化，以适应变化的环境和需求。这种战略性与灵活性的结合，使得体育管理中的计划职能不仅具有指导性和约束力，还能够为组织的发展提供足够的弹性和空间。

（二）计划职能的流程

计划职能是体育管理的重要组成部分，通过一系列系统化、逻辑化的步骤来确保体育组织的目标能够高效达成。

1. 计划的前期准备

这一阶段包括对内外部环境的分析和评估。体育管理者需要深入地了解体育市场的动态、竞争对手的策略、政策法规的变化等外部环境。同时，需要对自身资源、能力和现状进行详细评估，形成科学、合理的计划基础。数据的全面性和准确性在这一阶段尤为关键，因为它会直接影响后续计划的制订与实施。全面准确的数据能够使体育管理者作出更为明智的决策，避免由于信息不全或不准确而导致的资源浪费和战略失误。

2. 明确目标和设定优先级

体育管理者需要根据前期的环境分析，确定体育组织的短期和长期目标，并将这些目标具体化、量化。例如，某体育俱乐部可能设定的短期目标是提高队伍的竞技水平，而长期目标则是培养更多的优秀运动员。目标设定不仅要具有挑战性，还需具备可行性和时效性，以确保目标能够激励团队并具有实际操作性。明确的目标能够为团队提供清晰的方向和动力，使各项工作都能围绕既定目标来展开。

3. 制订具体的行动方案

这一步包括确定实现目标所需的具体措施、资源配置、时间安排和责任分工。

体育管理者需要详细规划每一个步骤，确保每个环节都能够有明确的执行标准和监督机制。例如，在提高竞技水平的计划中，可能需要安排专项训练、聘请高水平教练、引进先进训练设备等具体措施。每一个具体行动方案都应有明确的负责人和时间节点，以确保计划能够按时、按质完成。详细的行动方案能够提高计划的执行效率，避免因责任不清或时间安排不当而导致的计划延误。

4. 计划的评估和调整

随着环境的变化和计划的实施，体育管理者需要定期评估计划的执行情况，及时发现问题并进行调整。这一过程不仅包括对执行效果的评估，还需进行反馈和修正，以适应新的变化和需求。通过定期的评估和调整，体育组织能够保持计划的灵活性和适应性，从而更有效地实现既定目标。在评估过程中，数据的收集和分析是必不可少的工具，能够为调整提供科学依据。灵活的评估和调整机制能够使体育组织在动态环境中保持竞争力。

（三）计划职能的优化

在体育管理中，计划职能的优化是提高组织效能和资源利用效率的关键步骤。本部分将详细地探讨如何通过科学的需求分析、全面预算管理、团队协作与沟通以及评估和反馈机制来优化计划职能。

1. 进行科学的需求分析

通过对内外部环境的系统分析，体育管理者可以准确掌握市场需求和组织内部的资源状况，从而制订出具有前瞻性和可行性的计划。这一过程需要借助大数据分析技术和现代信息系统，以精准捕捉市场动态和趋势，从而确保计划的科学性和可操作性。需求分析不仅要考虑当前市场的变化，还要预测未来的发展趋势，为体育组织的长远发展打下坚实基础。

2. 引入全面预算管理

预算管理不仅是对财务资源的控制，更是对整个组织资源的合理配置和有效利用。体育管理者应当建立严密的预算编制、控制和分析系统，通过定期的预算执行情况分析，及时发现和纠正偏差，从而确保组织资源的最佳配置。预算管理过程中，应充分考虑突发事件和不可预见因素的影响，设置应急预案，以提高组织的应变能力和抗风险能力。全面预算管理能够有效地提高资源利用效率，确保每一项资源都能发挥其最大价值。

3.团队协作和沟通

计划的制订和执行不仅是管理者的职责，还需要整个团队的参与和配合。有效的团队协作和沟通机制能够确保计划信息的及时传递和反馈，提高计划的执行效率。体育管理者应当建立定期的沟通和协调机制，利用现代信息技术手段，如视频会议、即时通信工具等，确保计划在执行过程中各环节的无缝衔接和高效运转。一支协调一致的团队是计划能够成功实施的关键。

4.建立科学的评估和反馈机制

通过定期的计划评估，体育管理者可以及时地发现在计划执行过程中存在的问题和不足，积累经验教训，持续改进计划制订和执行过程。评估机制的建立需要设置科学合理的评估指标和标准，借助绩效管理工具，对计划执行情况进行全面的分析和诊断，确保计划的高效实施和持续改进。一个健全的评估和反馈机制不仅能帮助组织及时调整计划，还能推动整个管理体系的不断完善。

二、组织职能

(一)组织职能的基本概念

组织职能是体育管理学中的核心概念之一，涉及体育管理活动中资源的配置、协调和整合。其主要目的是确保体育组织在实现其目标时能够高效运行。组织职能不仅包括明确体育组织的结构和流程，还涉及不同部门和职能之间的协作。通过科学的组织职能设计，体育管理者能够优化资源使用，提高工作效率，并增强组织适应外部环境变化的能力。

在具体实施中，组织职能涵盖的范围广泛，包括确定组织的战略目标、设计组织结构、分配资源以及协调不同部门的活动等。一个有效的组织职能设计应能够支持体育组织的战略目标实现，并在动态变化的环境中保持灵活性。体育管理者需要充分理解和应用组织理论，确保体育组织的各个部分都能够有机结合，形成协同效应，从而提升整体绩效。

体育组织职能的设计还需要考虑人员的配置和管理。体育管理者应当根据组织目标和任务来合理分配和安排人力资源，确保每个成员都能在适当的岗位上发挥其专长。与此同时,组织职能还涉及激励机制的设计,通过合理的激励措施,体育管理者可以激发员工的积极性和创造力,促进组织目标的实现。

信息的管理和沟通也是组织职能的重要组成部分。有效的信息管理和沟通机制是保证体育组织高效运作的关键因素。体育管理者需要建立畅通的信息渠道,确保组织内部的信息能够及时、准确地传递,从而支持决策的制定和执行。通过科学的组织职能设计,体育管理者能够构建一个高效、灵活的体育组织,为实现组织目标提供坚实的保障。

(二)组织职能的结构设计

组织职能的结构设计是在体育管理中至关重要的一环,直接影响体育组织的运作效率和目标实现。合理的结构设计不仅能优化资源配置,还能提高决策效率,促进组织内部的协调与合作。

体育组织的结构设计涉及组织的层级关系、职权划分以及信息流动的路径等方面。在体育组织中,结构设计需要考虑到不同部门和岗位的职能定位。一般来说,体育组织可以采用功能制、事业部制或矩阵制等不同的组织结构形式。功能制结构强调专业化管理,各职能部门根据其专业领域来进行管理,如市场部、财务部、赛事运营部等。这种结构能够确保每个部门在其专业领域内高效运作,将专业优势最大化。

事业部制结构适用于大型体育组织,通过将组织划分为若干个相对独立的事业部,如青少年培训部、职业赛事部等,每个事业部自行负责其业务的全面管理。这种结构模式有助于各事业部根据其特定目标和市场需求进行灵活调整,实现快速响应和自我优化。

矩阵制结构结合了功能制和事业部制的优点,通过双重报告关系来实现资源的最优配置和灵活管理。矩阵制结构能够在保持专业化管理的同时,增强跨部门的协作和资源共享,从而有效应对复杂的管理需求。这种结构特别适合需要多项目并行管理的大型体育组织。

体育组织的结构设计还需要考虑到外部环境的变化和内部资源的优化配置。随着体育产业的不断发展和变革,体育组织需要具备一定的灵活性和适应性。在大型赛事组织中,临时性的项目团队和跨部门的工作小组可以有效应对复杂的赛事筹备和运营需求。这种灵活的组织形式能够在短时间内集结所需资源和人员,确保赛事运营的成功。

(三)组织职能的效率提升

在体育管理中,组织职能的效率提升至关重要,因为它直接影响整个体育组织的运作和目标实现。通过合理设计组织架构、构建积极的组织文化、应用信息技术以及优化管理流程,可以显著提高组织职能的效率。

合理的组织架构设计能够有效地提升组织职能的效率。一个具备明确职责分工和权责界限的组织架构,可以确保每个部门和成员都能够在各自的岗位上最大化地发挥作用。实施扁平化管理和减少层级间的冗余沟通,可以加速信息传递和决策过程,从而提高整体运作效率。清晰的职责分配和有效的沟通机制,使得各部门可以更好地协同工作,进而实现资源的最优配置。

组织文化和团队建设是提高组织职能效率的重要因素。体育组织应当积极构建一种积极向上的组织文化,鼓励团队成员之间的协作和创新。通过定期的团队建设活动和培训,可以增强员工的归属感和凝聚力,提高团队整体士气和工作效率。建立有效的激励机制,奖励表现优异的团队和个人,能够激发员工的工作热情和动力,从而提高组织的整体效率。一个充满活力和合作精神的团队,更容易在各种挑战面前有出色的表现。

信息技术的应用是提高组织职能效率的又一重要手段。现代信息技术的发展为体育管理提供了更多的工具和手段,如数据分析、自动化办公软件和协同管理平台等。这些技术不仅能够简化和优化管理流程,还能提供实时的数据支持和决策依据,为管理者提供更为科学和准确的管理手段。通过对信息技术的应用,体育组织可以实现更加高效和精准的管理,减少人为错误和时间浪费。

制定和实施科学的管理流程和标准也是提高组织职能效率的关键。通过对现有管理流程进行梳理和优化,消除不必要的环节和冗余流程,可以大幅提高工作效率。同时,建立规范化和标准化的管理流程,有助于减少人为因素对管理质量的影响,确保各项工作都能够按照既定的流程和标准进行,从而提高整体的管理效能,确保组织能够在竞争激烈的环境中保持领先地位。

三、领导职能

(一)领导职能的定义

领导职能是体育管理中至关重要的一环,涉及组织、激励和协调团队成员以实现共同目标。领导职能的核心在于通过有效沟通和激励，使团队成员能够自觉地贡献力量，并在组织内形成合力，促进整个体育组织的健康发展。管理者的职责不仅是领导，还要引导和激励所有团队成员共同参与和贡献。

1. 制定愿景

制定愿景是领导职能的起点。明确组织的方向和长远目标，为团队成员提供奋斗的目标和动力。这不仅是设定一个远大的目标，还是描绘一个可以激励和引导团队成员的未来蓝图。一个清晰且激动人心的愿景能够调动团队成员的积极性，使其感到自己是实现这个愿景的一部分，从而增强其参与感和使命感。

2. 设定目标

设定目标是将愿景具体化的过程。通过明确的工作方向和任务，团队成员可以有清晰的行动指南。目标应当是具体、可衡量、可实现、相关和有时间限制的（SMART 原则），从而帮助团队成员集中精力和资源，逐步实现愿景。这一过程不仅能够提高工作效率，还能使团队成员在每个阶段有成就感，进一步激发动力。

3. 激励团队

激励团队是领导职能的重要组成部分。通过表彰、奖励、培训和发展机会等多种方式，可以激发员工的积极性和创造力。有效的激励措施能够提升员工的工作热情和满意度，使其为实现组织目标而努力。领导者应善于发现和认可团队成员的贡献，并为他们提供持续的动力源泉，帮助其不断突破自我。

4. 提供指导和支持

提供指导和支持是帮助团队成员克服工作中的困难、提高专业技能和工作效率的关键。领导者需要通过有效的沟通来了解团队成员的需求和问题，并对他们给予及时的帮助和指导。这种支持不仅能够解决实际问题，还可以增强团队成员的信任感和依赖感，使其在面对挑战时更加自信和坚定。

5. 评估和反馈

通过定期的绩效评估来了解团队成员的工作表现，并提供建设性的反馈，帮助其不断改进和提升。有效的评估和反馈机制能够促进团队成员的个人发展，同时也为组织的整体绩效提供了保障。领导者应当注重公平和透明，确保评估和反馈的过程能够真正起到激励和改进的作用。

(二)领导职能的风格与方法

在体育管理中,领导职能扮演着至关重要的角色,其风格与方法的选择会直接影响体育组织的绩效和团队士气。领导风格主要分为三种:专制型、民主型和自由放任型。专制型领导在高压和紧急情况下表现出色,能够迅速作出决策并要求立即执行,但可能会抑制团队成员的创新性和主动性。民主型领导强调团队协作和共同决策,能激发成员的积极性和创造力,但决策过程可能会较长。自由放任型领导赋予团队高度的自主权,适用于高素质自律团队,但若缺乏监督和指导,则可能导致目标偏离。

选择合适的领导方法是体育管理者成功的关键。例如,在激励方法上,可以采用正激励与负激励相结合的方式。正激励通过赞美、奖励和晋升等手段,增强团队成员的成就感和归属感;负激励则通过警告、降职等惩罚措施,纠正不良行为。根据团队成员的个性特点和工作表现,灵活运用这些激励手段,才能达到最佳效果。

良好的沟通能力和情感智能是领导者管理团队关系和解决冲突的基础。沟通能力不仅包括口头表达,还包括倾听、反馈和非语言交流。开放的沟通渠道可以鼓励团队成员表达意见和建议,增强团队凝聚力和协作精神。情感智能则帮助领导者识别、理解和管理自己及他人的情绪,在面对冲突和压力时保持冷静和理智,从而作出明智的决策。

团队建设和发展是体育管理中领导职能的重要组成部分。明确的团队目标、合理的团队结构和分工是成功的基础。通过培训和发展计划来提升团队成员的专业技能和综合素质,可以持续推动团队进步。定期的团队建设活动,如集体培训、团队会议和社交活动,有助于增强成员之间的信任和默契,从而促进团队整体发展。

四、控制职能

(一)控制职能的基本原理

控制职能在体育管理中扮演着至关重要的角色,其核心在于确保各项活动都能够按计划顺利进行,并实现预期的管理目标。通过设定标准、绩效测量、绩效评价和纠正偏差四个环节，形成了一个闭环管理体系。以下将详细阐述控制职能的基本原理。

设定标准是控制职能的基础。管理者需要根据组织的战略目标来设定具体的执行标准，确保这些标准具备可测量性、可操作性和可评价性。设定标准的过程不仅明确了各项工作的预期成果，还为后续的绩效管理奠定了基础。标准的设定应当科学合理，既要具有挑战性，又要保证实际落实，确保每一位员工都清楚自己的工作内容和目标。

绩效测量在控制职能中起着重要的监督作用。管理者需要在各项体育管理活动过程中，定期或不定期地对实际工作情况进行检查和监督。通过收集和分析数据，管理者可以了解各项工作的实际进展情况，并与预先设定的标准进行对比。这一过程不仅可以帮助发现潜在的问题和偏差，也为后续的绩效评价提供了可靠的依据。有效的绩效测量需要使用多种工具和方法，以确保数据的准确性和全面性。

绩效评价是控制职能中的关键环节，旨在对实际表现与设定标准之间的差异进行分析和解释。管理者需要通过客观、公正的评价体系来对各项工作成果进行评估。绩效评价不仅能帮助员工发现自己的优点和不足，还能激励员工不断改进和提升工作质量。评价结果通常会以报告或会议的形式向员工反馈，促进沟通和协作，确保团队成员清晰了解自己的表现和改进方向。

纠正偏差是控制职能的最后一个环节，目的是对发现的问题和偏差进行及时调整和纠正。在体育管理中，纠正偏差的措施可能包括调整计划、重新分配资源、加强培训等。管理者需要根据绩效评价的结果，制定具体的改进措施，确保各项管理活动都能够重新回到正确的轨道上。纠正偏差不仅是对过去问题的解决，更是对未来工作的预防和保障，确保组织能够持续优化和提高管理水平。

（二）控制职能的实施步骤

控制职能是体育管理中的关键环节，通过有效的控制职能，体育组织和活动可以按照既定目标和计划顺利进行。控制职能的实施步骤主要包括制定控制标准、进行绩效评估、纠正偏差以及反馈与改进。

在控制职能的实施过程中，最初的任务是制定控制标准。控制标准是衡量组织活动和绩效的基准，通常包括定量和定性两种形式。在体育管理中，定量标准可能涉及赛事成绩、训练时长、经费使用等具体数据；定性标准则可能包括运动员的精神面貌、团队协作情况等。制定控制标准的过程需要综合考虑体育组织的战略目标、管理制度以及外部环境等因素，要确保标准具有可行性和科学性。定量和定性标准的结合，不仅能够全面衡量组织的绩效，还能为后续的管理和调整提供科学依据。

进行绩效评估是控制职能中的重要环节。管理者需要定期或不定期地对照控制标准，对实际绩效进行评估。这一环节不仅要求管理者具备专业的评估技能，还需要管理者运用先进的评估工具和技术手段。例如，利用数据分析软件对运动员的训练数据进行分析，或者通过问卷调查了解参赛者和观众的满意度。绩效评估的结果为后续的控制措施提供了重要依据，能够帮助管理者清晰地了解组织和活动的实际运行情况，从而为下一步的决策提供数据支持。

当实际绩效与控制标准存在差距时，管理者需要采取相应的纠正措施。这些措施可能包括调整训练计划、改革管理制度、优化资源配置等。纠正偏差的过程需要综合考虑各种内外部因素，确保措施的针对性和有效性。同时，在实施纠正措施时，应注意与其他管理职能的协调配合，以避免因实施单一措施而导致产生其他问题。通过及时纠正偏差，管理者能够迅速应对问题，确保组织和活动能够保持在正确的轨道上。

控制职能的最终目的是实现体育组织的持续改进和发展。管理者需要建立有效的反馈机制，通过收集和分析反馈信息来不断优化控制标准和管理措施。例如，通过总结赛事经验，优化赛事组织流程；通过分析观众反馈，改进赛事宣传和服务。反馈与改进环节不仅能提高体育管理的整体水平，还能增强体育组织的适应能力和竞争力。有效的反馈机制可以帮助组织不断学习和提升，从而应对不断变化的外部环境和内部需求。

五、协调职能

（一）协调职能的定义

在体育管理过程中，协调职能是至关重要的。它的核心在于通过合理配置和整合资源，确保各项活动和部门之间的有效衔接与合作，从而实现整体目标。有效的协调能够优化资源配置，避免资源浪费和重复劳动，提高组织的运作效率。尤其是在体育管理中，涉及多个部门和岗位的协同工作，必须通过协调来达到最佳的管理效果。

1.确保各部门之间的信息交流畅通

建立有效的信息共享机制，使各部门能够及时了解彼此的工作动态和需求，从而避免因信息不对称而带来的管理障碍。信息交流的畅通可以促进各部门的紧密合作，减少误解和误判，提高整体工作效率。

2.合理分配资源

在大型体育赛事的筹备过程中，需要协调场地、设备、人员、资金等各方面的资源，以确保比赛顺利进行。通过合理分配资源，可以提高资源利用率，避免资源的浪费和重复投入，从而保证赛事的高效运作和成功开展。

3.解决冲突和分歧

在体育管理中不可避免地会出现各种利益冲突和意见分歧。管理者需要通过协调职能，来调节各方利益，达成共识，维护组织的稳定和团结。有效的冲突解决不仅能消除潜在的矛盾，还能增强团队的凝聚力和战斗力。

(二)协调职能的机制

协调职能的机制在体育管理中占有举足轻重的地位，其核心在于确保体育组织内部各部门、各层级之间的高效合作，同时优化资源配置，提高整体运作效率。

1.建立完善的信息共享机制

信息共享可以通过现代化的管理信息系统来实现，确保各部门能够及时获取相关数据和信息，减少信息不对称的现象。现代化管理信息系统的应用不仅有助于提高工作效率，还能增强决策的科学性和准确性。通过信息系统，各部门可以实现实时数据更新和共享，以确保信息的透明和一致，从而避免由于信息滞后或失真而导致的误判和资源浪费。

2.建立高效的沟通渠道

体育组织应该构建多层次、多方位的沟通网络，包括正式沟通和非正式沟通渠道。正式沟通渠道，如例会、报告制度等，可以确保各部门目标一致，行动协调；而非正式沟通渠道如内部论坛、即时通信工具等，有助于营造开放、信任的团队氛围，促进成员间的相互理解和协作。有效的沟通能够减少误解和冲突，提高团队的凝聚力和执行力。

3. 制定明确的协调流程和制度

体育管理者需要设计科学合理的协调流程，明确各部门、各岗位的职责和权限，确保各项工作能够有序衔接。建立健全的绩效考核体系和激励机制，通过量化考核指标、奖惩制度等手段，来激发员工的积极性和创造力，从而提升整体协调效能。合理的制度设计可以确保各项事务有章可循，减少在协调过程中的摩擦和障碍。

4. 培养高素质的管理团队

管理团队的能力和素质直接影响协调职能的执行效果。因此，体育组织应注重对管理人才的选拔和培训，通过开展定期培训、交流学习等活动来提高管理人员的专业知识和管理技能。管理者应具备良好的沟通能力、领导能力和团队合作精神，能够有效组织和协调各部门工作，确保组织目标的实现。高素质的管理团队不仅能够高效地执行协调任务，还能在复杂的环境中灵活应对各种挑战和变化。

第三节　体育管理的决策过程

一、信息收集与分析

（一）信息收集的方法

信息收集是在体育管理决策过程中至关重要的一环。有效的信息收集方法能够确保决策的科学性和准确性。常见的信息收集方法包括文献法、问卷调查法、访谈法、观察法以及实验法等。以下是对这些方法的详细描述。

1. 文献法

文献法主要是通过查阅相关书籍、期刊、研究报告等文献资料来获取历史数据和理论支持。通过对已有研究成果的分析，可以为决策提供理论依据和参考数据。然而，文献法也存在着一些局限性，比如资料的时效性问题以及文献资料的可得性。在实际操作中,文献法适用于需要历史数据或理论支持的决策情境。

2.问卷调查法

问卷调查法是通过设计科学的问卷,来收集大量样本数据,从而进行统计分析。这种方法能够获取广泛的群体数据,具有较高的代表性和统计价值。问卷调查法的关键在于问卷的设计和回收率。设计科学合理的问卷能够保证数据的有效性,而高回收率则能提高数据的代表性和可靠性。问卷调查法适用于需要大规模数据支持的决策。

3.访谈法

访谈法是通过面对面或电话访谈来获取被调查者的深入观点和意见。这种方法能够深入地了解被调查者的真实想法和态度,信息的深度和细节较为丰富。然而,访谈法也存在着一些局限性,比如耗时较长、受访者数量有限以及访谈结果可能受到访谈者主观性的影响。访谈法适用于需要深入了解个体观点和态度的决策。

4.观察法

观察法是通过现场观察记录活动情况来直接获取第一手资料。这种方法能够提供真实的现场数据,反映实际情况。观察法的优势在于数据的真实性和直观性,但观察者的主观性可能会影响结果的客观性。观察法适用于需要直接观察现场情况的决策。

5.实验法

实验法是在控制条件下进行实验,获取特定变量之间的因果关系数据。这种方法能够提供科学的因果关系数据,有助于理解变量之间的相互作用。然而,实验条件难以完全控制和满足,实验结果可能会受到多种因素的影响。实验法适用于需要验证特定假设或研究变量关系的决策。

(二)信息分析的工具

在体育管理的决策过程中,信息分析的工具起着至关重要的作用。这些工具可以帮助管理者更准确地理解和评估收集的信息,从而使管理者做出更为科学和有效的决策。以下是几种关键的信息分析工具及其在体育管理中的应用。

1.统计分析工具

通过统计分析，体育管理者可以对大量数据进行归纳、整理和分析，从中发现规律和趋势。例如，利用统计软件对运动员的训练数据进行分析，可以帮助教练制订更科学的训练计划。通过对比赛数据的统计分析，还可以评估运动员的表现，提高团队的整体战术水平。统计分析不仅局限于运动员的表现，还可以用于分析观众的行为模式，进而优化票务销售和市场推广策略。

2.数据挖掘工具

数据挖掘技术能够从海量数据中提取有用的信息和知识，为决策提供有力支持。通过数据挖掘，管理者可以识别潜在的运动员，预测比赛结果，甚至优化赛事安排。例如，通过分析观众的行为数据，可以帮助赛事组织者更好地安排比赛时间和场地，从而提高观赛体验和赛事收入。数据挖掘还能帮助识别运动员的潜在伤病风险，对运动员提前采取预防措施。

3.模拟和建模工具

通过建立数学模型和计算机模拟，管理者可以对不同决策方案进行预测和评估，从而选择最优方案。在体育赛事的组织和管理中，模拟工具可以用于预测赛事的观众流量，评估安保措施的有效性，甚至模拟不同天气条件下的比赛效果。通过模拟工具，还可以优化资源配置，提高赛事组织的效率和效果。

4.地理信息系统(GIS)和空间分析工具

通过GIS技术，管理者可以对体育场馆的选址、赛事的交通组织以及观众的空间分布等进行精确分析和规划。例如，利用GIS技术可以优化马拉松赛事的路线设计，确保选手的安全和观众的便利。GIS还能帮助管理者分析和优化体育设施的布局，提高场馆利用率和服务水平。

二、目标设定与规划

(一)目标设定的原则

在体育管理中，目标设定至关重要。科学合理的目标设定不仅能够提升组织的效率和效益，还能激发团队成员的积极性和创造力。体育管理者在设定目标时需遵循一系列原则，以确保目标的可行性和有效性。

1.具备明确性和具体性

明确的目标能够为组织成员提供清晰的方向和行动指南，避免因模糊不清的目标而导致执行过程中的混乱。具体的目标不仅包括定量的指标，如参与人数、比赛成绩等，还应包含定性的描述，如提高团队的协作能力、提升观众的满意度等。通过明确和具体的目标，团队成员可以更清晰地理解自己的任务，增强执行的效果。

2.具备可衡量性

可衡量的目标能够使体育管理者对目标的达成情况进行有效的监控和评估，及时发现问题并进行调整。衡量指标应包括过程指标和结果指标，确保对体育活动的全方位评价。定量指标如比赛成绩、财务数据等，可以通过具体的数字来衡量；定性指标如文化建设、团队氛围等，可以通过问卷调查、访谈等方式来进行评估。这样，管理者就可以通过具体的数据和反馈来了解目标的进展情况和成效。

3.具备现实性和可行性

目标应在组织现有资源和能力范围内设定，既要具有挑战性，又不能超出实际可行的范围。过于高远的目标可能会导致团队成员的挫败感；反之，过于简单的目标则不能充分激发团队的潜力。因此，目标设定需要在激励与现实之间找到平衡点，确保目标既能激发团队士气，又能通过努力达成。现实性和可行性的目标能够让团队成员看到希望，增强他们的信心和动力。

4.具备时间性

明确的时间框架能够为目标的实现提供时效保障，避免目标的无限期拖延。时间性不仅包括目标的最终完成期限，还应包含阶段性的里程碑和检查点，以确保体育管理者能够及时地跟进目标的进展情况，进行必要的调整和优化。时间上的约束能够促使团队更高效地工作，确保各项任务都能够按计划完成。

(二)规划的步骤

在体育管理中，规划扮演着至关重要的角色，系统性的步骤能够确保体育组织实现其目标并提升整体绩效。下面将详细地探讨规划的各个步骤，包括目标设定、环境分析、策略制定及实施与评估。

1. 目标设定

这一阶段要求综合考虑组织的使命、愿景以及当前的资源状况，确保目标具有具体性、可测量性、可实现性、相关性和时限性（SMART）。设定目标时，还需明确其优先级，以确保资源的合理分配。具体的目标不仅能够为组织提供清晰的方向，还能激励团队成员共同努力，实现预期成果。

2. 环境分析

环境分析包含内部环境和外部环境的全面评估。通过 SWOT 分析法（优势、劣势、机会、威胁），可以系统地识别出组织所面临的各种因素。内部环境分析注重组织的资源、结构、文化和人员，而外部环境则关注市场趋势、政策法规、竞争对手和技术变革等。通过这一阶段的分析，体育管理者能够准确地把握组织的现状及其所处的环境，为后续策略的制订提供可靠依据。

3. 策略制定

管理者需要制定具体的策略来达到既定目标，这一过程应充分考虑组织的核心竞争力和资源能力，并结合环境分析的结果来选择最优的行动路径。策略制定通常有多方参与，以确保决策的科学性与可行性。与此同时，还需要考虑可能的风险，并预设应对方案，以提高策略实施的稳定性和有效性。

4. 实施与评估

一旦策略确定之后，便会进入实施阶段，需要制订详细的行动计划，明确每一项任务的责任人、时间节点和资源分配，确保策略能够得到高效执行。在实施过程中，应建立监控和反馈机制，及时发现和解决问题。定期评估策略的执行效果，根据评估结果进行必要的调整和优化，确保最终目标的实现。

三、决策制定与执行

（一）决策制定的流程

决策制定是体育管理中的核心环节，贯穿体育组织的各种管理活动中。有效的决策制定流程能够帮助体育管理者更好地应对挑战、实现目标，并提升组织的整体绩效。以下是对决策制定流程的详细描述。

1.识别问题

这一阶段要求管理者对在体育管理中存在的问题或潜在的挑战进行全面的分析与诊断。通过科学的调查研究和信息收集，管理者能够更准确地界定问题的性质和范围。这一过程不仅需要管理者具备敏锐的洞察力，还需要他们充分利用数据分析技术和工具，以确保问题识别的精准性。比如，通过分析运动员的训练数据和比赛表现，管理者可以发现运动员竞技水平提高的瓶颈，从而为后续决策奠定基础。

2.制定决策目标和标准

在体育管理中，决策目标通常包括提高运动员的竞技水平、优化体育资源配置、提升观众满意度等。管理者需要根据组织的战略目标和实际情况来设定具体、可衡量的决策标准。这一过程要求管理者具备战略思维能力和系统分析能力，以确保决策目标的合理性和可行性。比如，为了提高观众满意度，管理者可能会设定提升赛事体验和改善场馆设施的具体指标和时间表。

3.方案设计与评估

在这一阶段，管理者需要提出多种可行的解决方案，并对每个方案进行系统评估。评估标准包括成本效益分析、风险分析、资源需求评估等。通过比较各个方案的优缺点，管理者能够选出最优方案。这一过程要求管理者具备较强的创新能力和评估能力，以确保所选方案的科学性和可执行性。比如，在选择引进新技术提升训练效果时，管理者需要综合考虑技术成本、预期收益和实施风险。

4.决策的实施与反馈

这一环节不仅包括决策方案的具体执行，还包括对执行过程的监督和反馈机制的建立。在体育管理中，决策的实施往往会涉及多方协作和资源整合，管理者需要协调各部门的工作，确保决策能够顺利执行。同时，建立科学的反馈机制，通过持续监控和评估决策执行效果来及时调整和优化决策方案，以确保决策目标的实现。这一过程要求管理者具备较强的执行力和协调能力，以及善于利用反馈信息进行决策优化的能力。例如，通过定期评估训练效果和运动员反馈，管理者可以不断优化训练方案，实现运动员竞技水平的提高。

（二）决策执行的策略

决策执行是体育管理过程中至关重要的一环，直接影响管理目标的实现。要确保决策执行的成功，必须采取一系列科学有效的策略，并在执行过程中注重细节和协调。以下是决策执行的几个关键策略及详细内容。

明确和具体化决策目标是决策执行的基础。管理者需要将抽象的决策转化为具体的、可衡量的任务，并确保每个任务的完成都有明确的时间节点和负责人。决策目标的清晰和可操作性是决策成功执行的前提条件。通过这一具体化的过程，不仅能提高执行效率，还能确保在执行过程中及时发现并纠正偏差。

沟通和协调在决策执行中起着至关重要的作用。体育管理涉及多个部门和人员，决策的执行必须通过有效的沟通和协调来确保各个环节的顺利衔接。管理者需要建立一个畅通的信息流通渠道，确保上下级之间、部门之间的沟通及时、准确。定期召开工作会议和设立反馈机制，可以有效促进信息的共享和问题的解决，从而保证决策的顺利执行。

资源配置和支持是决策执行的关键策略之一。决策的执行需要相应的人力、物力和财力资源的保障。管理者需要根据决策的具体内容来合理配置资源，确保各项任务都能够得到充分的支持。与此同时，还应关注在执行过程中可能出现的资源短缺问题，并及时调整和补充资源，避免因资源不足而影响决策的执行效果。

绩效评估和反馈机制是决策执行策略中不可或缺的一部分。通过建立科学的绩效评估体系，管理者可以及时了解决策执行的进展和效果，对执行过程中出现的问题进行分析和改进。反馈机制的建立有助于管理者根据实际情况来调整决策，确保管理目标的实现。通过不断地评估和反馈，体育管理者可以逐步优化决策执行策略，提高管理的科学性和有效性。

四、决策评估与反馈

（一）评估的标准

评估的标准是体育管理决策过程中的重要组成部分，其目的是确保决策的有效性和可持续性。在体育管理中，评估标准主要涵盖以下几个方面。

体育管理决策的绩效标准是评估其成效的核心要素之一。这些标准通常包括运动员的比赛成绩、团队的整体表现和训练计划的执行情况等具体指标。通过这些具体而直观的指标,可以准确地反映出体育管理决策的实际效果,并为后续的改进提供明确的参照。这不仅有助于提高运动员的竞技水平,还能优化团队协作和训练效果。

资源利用标准在评估中的重要性同样不可忽视。体育管理涉及大量的人力、物力和财力资源的调配与使用。设立资源利用标准能够确保这些资源的高效使用,通过评估资源的投入产出比和资源分配的合理性,可以有效避免资源浪费,提高管理效率。例如,通过对资金使用情况的审计和对人员配置的合理性分析,可以确保每一笔投入都能获得应有的回报。

满意度标准关注的是利益相关者的反馈和感受。体育管理不仅关乎竞技成绩,还涉及运动员、教练员、管理人员以及观众等多个群体的满意度。通过调查问卷、访谈等方式来收集这些群体的反馈,可以全面了解决策的社会影响和接受度。这一过程有助于发现潜在问题,并为未来的决策提供宝贵的参考,确保各方利益都得到均衡考虑。

合规性标准确保体育管理决策符合相关法律法规和道德规范。在体育管理过程中,合规性是基础。评估决策的合法性和道德性,不仅能防范法律风险,还能维护体育运动的公正性和透明度,提升组织的社会形象。例如,通过对赛事组织的法律审查和对运动员行为的道德评估,可以确保整个管理过程符合社会期望和规范。

(二)反馈的机制

决策反馈机制在体育管理中起着至关重要的作用。这一机制不仅能帮助管理者获取决策实施过程中的真实情况,还能为未来决策的制定提供重要依据。反馈机制的有效建立和运作需要考虑多个因素,包括信息收集、信息传递、信息处理以及对反馈信息的利用等。

1.信息收集

在体育管理中,信息收集可以通过多种途径来进行,如定期的绩效评估、问卷调查、访谈和观察等。这些方法能够全面、客观地反映在决策实施过程中出现的问题和取得的成效。信息收集需要保证及时性和准确性,以便为后续的决策调整提供可靠数据。例如,通过定期的绩效评估,管理者可以了解运动员和教练的表现,从而识别出存在的问题和改进的空间。

2. 信息传递

收集的信息需要通过有效的沟通渠道传递到相关决策层。在体育管理中，信息传递的效率和准确性直接影响决策的及时调整。为了确保信息传递的顺畅，体育组织可以建立专门的信息传递系统，明确信息传递的流程和责任人，确保信息能够快速、准确地传递到决策者手中。例如，建立一个内部通信平台，可以让信息在不同部门和决策层之间迅速流动，减少信息传递的时间和误差。

3. 信息处理

收集和传递的信息需要经过系统的分析和处理，才能转化为有效的决策依据。在体育管理中，可以借助数据分析软件和专业分析团队，对收集的信息进行全面地分析，从而找出问题的根源和改进的方向。同时，信息处理还需要考虑到不同层级和部门的需求，确保分析结果能够为各个层级和部门提供有针对性的建议。例如，通过数据分析，可以发现某些训练方法效果不佳，从而调整训练计划，提高整体训练水平。

4. 反馈信息的利用

有效的反馈机制不仅要收集和处理信息，更重要的是将处理后的信息应用到实际决策中去。体育管理者需要根据反馈信息，及时调整和优化决策，确保决策的科学性和有效性。同时，反馈信息的利用还需要形成良性循环，通过不断地反馈和调整来提高体育管理的整体水平。例如，根据反馈信息，体育管理者可以调整比赛策略，优化资源配置，从而提高球队的竞争力和管理效率。

五、决策支持系统

(一)决策支持系统的构成

决策支持系统(Decision Support System，DSS)是现代体育管理中不可或缺的工具，其构成包括数据管理、模型管理和用户界面三大模块。下面将详细解析这三大模块及其在体育管理中的应用和重要性。

数据管理模块负责收集、存储和处理与体育管理相关的数据。收集的数据类型多样，包括运动员的生理数据(如心率、肌肉疲劳度)、比赛数据(如得分、胜负记录)和训练数据(如训练强度、训练时间)。这些数据通过传感器设备、手动录入和自动化系统进行收集,并存储在数据库中。数据管理模块不仅要确保数据的准确性和完整性,还需要具备数据清洗、整合和预处理功能,以便后续的分析使用。通过对这些数据进行综合分析,管理者能够更好地理解和预测运动员的表现,进而提升管理决策的科学性。

模型管理模块是决策支持系统的核心部分,包含各种分析模型和算法,用于处理和分析数据。常见的模型包括统计分析模型、预测模型和优化模型等。统计分析模型用于描述和总结数据的特征,预测模型用于对未来情况进行预测,优化模型用于资源的最佳配置。通过这些模型,体育管理者可以进行趋势分析、绩效评估和资源优化配置,从而在战略和战术层面做出更有效的决策。例如,利用预测模型可以提前识别运动员的疲劳状态,从而调整训练计划,避免运动损伤。这些模型通过不断更新和优化,能够提供更加精准的分析结果。

用户界面模块是决策支持系统与用户交互的窗口,是用户获取信息和做出决策的直接平台。一个良好的用户界面应具有友好的操作界面和强大的可视化功能,要能够直观地展示数据和分析结果,使管理者能够快速理解复杂的数据关系,并做出及时的决策。现代决策支持系统还应支持移动端应用,方便管理者随时随地进行数据查询和决策。用户界面不仅要美观易用,还要具备灵活性和可定制性,以满足不同用户的需求。

(二)决策支持系统的应用

决策支持系统(Decision Support Systems, DSS)在体育管理中具有广泛的应用领域。DSS通过数据分析和模拟,能够辅助管理者进行科学决策。例如,在体育赛事的安排、运动员的训练计划以及场馆的资源分配等复杂问题上,DSS也可以进行优化。系统整合大量的历史数据和实时数据,利用先进的算法和模型,为管理者提供多种决策方案及其预期效果,从而提高决策的科学性和准确性。

DSS在体育赛事的风险管理中也发挥着重要作用。大型体育赛事涉及大量的参与者和观众,风险因素复杂多变。DSS能够对多种潜在风险因素进行分析,如天气状况、交通流量、突发事件等,帮助管理者制定应急预案和风险控制策略。系统还可以实时监控赛事进展,及时预警潜在风险,确保赛事的顺利进行和保障参与者的安全。

在体育产业的市场分析和营销决策中,DSS也有着重要作用。体育产业涉及众多利益相关者,如赞助商、观众、媒体等。DSS通过对市场趋势、消费者行为和竞争对手策略的分析，帮助管理者制订有效的营销策略和品牌推广方案。通过对数据进行深入挖掘和分析，系统能够识别市场机会，优化资源配置，提高市场竞争力和经济效益。

在运动员的选拔和培养过程中，DSS 也有着显著作用。系统综合运动员的训练数据、比赛成绩和身体状况，评估其潜力和发展方向。通过模拟不同训练方案和比赛情景，DSS 为教练和管理者提供科学的选材和培养建议，最终实现运动员的全面发展和团队的整体提升。

第三章　体育组织管理

第一节　体育组织的定义与类型

一、体育组织的基本定义

(一)体育组织的概念

体育组织在现代社会中扮演着至关重要的角色。它们不仅满足了个体的体育需求,还通过系统化、组织化的形式来推动体育事业的发展,从而提升社会整体的体育水平和健康素质。

体育组织的目标明确且多样化,这些目标包括但不限于推动体育活动的广泛开展、提高运动员的竞技水平、促进体育科学研究、培养体育人才等。这些目标的实现,有助于体育文化的普及和深化,从而进一步增强社会的凝聚力和向心力。

在职能方面,体育组织承担了组织和管理各类体育赛事和活动的重要职责。它们不仅制定体育政策,还提供体育设施和服务,开展体育教育和培训等。这些职能的执行,不仅提高了体育活动的质量和水平,还确保了体育事业的可持续发展。

体育组织的构成要素主要包括组织成员、组织结构和组织文化。成员可以是个人、运动队、俱乐部、协会等多种形式。组织结构通常具有层级分明的特点,从决策层到执行层,各层级有着明确的分工和职责。组织文化则涵盖价值观、行为规范和传统,对组织的凝聚力和向心力起到关键作用。

(二)体育组织的特点

体育组织具有独特的特点,这使其在管理和运营方面与其他类型的组织有所不同。体育组织在推动健康生活方式、促进社会融合和提升国家形象等方面扮演着重要角色。这种社会责任感要求体育组织在运营过程中,不仅要关注经济效益,还要注重社会效益,平衡各方利益。在高度的社会责任感和公众影响力下,体育组织需要在推动健康生活方式、促进社会融合和提升国家形象等方面发挥积极作用。这不仅要求体育组织在经济效益上取得成功，还应在社会效益上有所作为，平衡各方利益，确保社会责任的履行。

体育组织的管理需要高度的专业性和多样性。体育活动涉及多个学科领域，如体育科学、运动医学、营养学和心理学等。因此，体育组织的管理团队需要具备跨学科的专业知识和技能，以应对复杂的管理挑战。此外，体育组织还需与政府部门、赞助商、媒体和社区等多个利益相关者保持良好的合作关系，这要求管理者具备出色的沟通和协调能力，以确保各方利益的平衡和合作的顺利进行。

体育组织具有显著的季节性和周期性的特点。许多体育赛事和活动都具有固定的时间安排，如奥运会、世界杯等，这对体育组织的规划和资源配置提出了独特的要求。管理者需要熟练掌握赛事运营的时间节点，合理安排人力、物力和财力资源，以确保赛事的顺利进行。此外，体育组织还需应对赛季之间的波动性，在淡季期间通过培训、宣传和社区活动等方式保持组织的活力和影响力。

体育组织的运营高度依赖于志愿者和粉丝的参与。志愿者在大型体育赛事的组织和服务中发挥着不可替代的作用，他们的热情和奉献精神是体育组织能够取得成功的关键因素之一。同时，粉丝的支持和参与不仅能够提升赛事的氛围，还能带来可观的经济收入。因此，体育组织需要通过多种渠道和平台与志愿者和粉丝保持互动，增强他们的归属感和忠诚度。

二、体育组织的类型

（一）专业体育组织

专业体育组织是在体育管理领域中最具影响力和专业性的机构之一。这类组织主要包括职业体育俱乐部、职业联赛、国际体育联合会和国家体育协会等。它们在体育产业中扮演着核心角色，通过制定竞赛规则、组织赛事和培训运动员等方式来推动体育运动的发展。专业体育组织高度依赖专业管理团队的运作，这些团队不仅需要具备丰富的体育专业知识，还必须拥有强大的管理和运营能力，以确保赛事的成功举办和组织的可持续发展。

职业体育俱乐部是专业体育组织的重要组成部分，通过参加各类联赛和比赛来为观众提供高水平的竞技表演。职业俱乐部一般会拥有一支或多支职业运动队，并通过出售门票、转播权和赞助等途径来获得收入。俱乐部的管理需要高度专业化，涉及竞技层面的规划和执行、市场营销、财务管理以及品牌建设等方面。成功的职业俱乐部能够通过品牌效应和商业运作来实现体育和经济效益的双重增长。

职业联赛由多家职业俱乐部组成，通过定期举办联赛和杯赛等赛事来吸引大量观众和媒体关注。职业联赛的管理和运营需要协调各俱乐部之间的利益关系，制定公平合理的竞赛规则，并通过商业开发实现经济收益。优秀的职业联赛不仅能提高参赛俱乐部的竞技水平，还能带动整个体育产业链的发展，如体育场馆运营、体育用品销售和体育旅游等。

国际体育联合会负责制定全球范围内的体育规则和标准，组织和协调国际赛事，促进各国体育交流与合作。这类机构在维护体育运动的公平性和规范性方面具有重要作用。通过举办世界级赛事和制定统一规则，国际体育联合会为各国运动员提供了一个公平竞争的平台，推动了全球体育运动的普及和发展。

国家体育协会在本国范围内推广和管理各类体育运动，培养和选拔优秀运动员，让他们代表国家参加国际比赛。它们的工作对于提高国家体育水平、增强国民体质和促进社会和谐具有重要意义。通过组织国内赛事、培训教练员和运动员，以及制定和执行国家体育政策，国家体育协会在推动本国体育事业发展方面扮演了关键角色。

（二）业余体育组织

在现代社会，业余体育组织成了人们日常生活中不可或缺的一部分。由非专业运动员组成的这些团体以兴趣爱好和娱乐为主要目的，旨在通过参加各种体育活动来提高成员的身体素质、丰富业余生活、培养团队精神。业余体育组织的成员通常是社区居民、学生、职工等，他们利用闲暇时间自愿参加各种体育活动。

业余体育组织在社会体育事业中占据重要地位。它们不仅能促进全民健身，还能增强社会凝聚力。通过组织和参与各种体育赛事、培训和活动，业余体育组织为不同年龄、职业和背景的人群提供了交流和互动的平台。这种互动不仅有助于增进友谊和理解，还能增强社区的归属感和凝聚力。

在管理与运行方面，业余体育组织通常会比较灵活，组织形式多样，包括社区体育俱乐部、学校体育社团、企业运动协会等。管理者大多是志愿者，他们通过制定合理的组织规章制度、安排日常活动、协调资源等，保证组织的正常运作。尽管资源有限，但通过有效的管理和广泛的社会支持，业余体育组织依然能够开展丰富多彩的体育活动。

现代社会为业余体育组织带来了新的发展机遇与挑战。一方面，随着人们生活水平的提高和健康意识的增强，业余体育组织的发展前景更加广阔；另一方面，如何在日益激烈的市场竞争中保持吸引力、获取更多的资源支持、实现可持续发展，都是业余体育组织需要解决的问题。通过不断创新管理模式、拓展活动内容、加强与其他社会组织的合作，业余体育组织可以在未来发展中发挥更大的作用。

三、体育组织的职能与作用

(一)体育组织的核心职能

体育组织在现代社会中承担着多重职能，这些职能既体现在组织内部的运营和管理之中，也体现在其对外的服务和影响方面。下面将深入地探讨体育组织的核心职能，详细解析其在促进体育运动发展、教育和培训、社会服务和公益事业以及管理和运营等方面的作用。

体育组织的重要职能之一是促进体育运动的发展。通过策划和组织各类体育活动和赛事，体育组织为大众提供了丰富的体育参与机会，激发了人们的体育热情和运动兴趣。无论是大型国际赛事，还是社区级别的活动，都在提升全民身体素质的同时，推动了体育产业的发展，形成了良性循环。各种类型的体育活动不仅吸引了广泛的参与，还带动了相关产业链的发展，从而促进了经济增长。

在教育和培训方面，体育组织发挥着至关重要的作用。通过系统的教练员培训、裁判员培训以及运动员的日常训练和培养，体育组织提高了体育从业人员的专业水平和业务能力。这种教育和培训不仅局限于竞技体育，还涵盖大众健身、学校体育等各个层面。科学的培训体系不仅能够提高运动员的竞技水平，还能够培养出更多高素质的体育人才，进而推动体育事业的长远发展。

社会服务和公益事业也是体育组织的重要职能。许多体育组织都通过开展公益性体育活动和项目来积极参加社区建设活动和社会服务。例如，组织残疾人体育活动、老年人健身活动等，促进了社会的包容性与和谐发展。体育组织还通过捐赠、赞助等方式来支持社会公益事业，以彰显其社会责任感和公民意识。这种公益行为不仅提升了组织的社会形象，也为社会带来了实实在在的福利。

管理和运营职能是体育组织不可忽视的一个方面。一个高效的体育组织需要具备完善的管理体系和运营机制，包括财务管理、人力资源管理、市场营销等方面。通过科学地管理和运营，体育组织能够更好地实现其战略目标和社会使命，提升其在行业中的竞争力和影响力。有效的管理和运营不仅能提高组织的效率，还能确保资源的合理分配和使用,从而实现可持续发展。

(二)体育组织在社会中的作用

体育组织在现代社会中扮演着至关重要的角色,其影响力渗透社会的各个层面。通过推动全民健身和促进体育活动,体育组织提高了公众的健康水平和生活质量。积极参与体育活动不仅能增强体质,预防慢性疾病,还能显著改善心理健康,缓解压力和减少焦虑,进而提升整体社会的幸福感。这种健康促进不仅是个体的受益,更是整体公共健康水平的提高,减少了医疗资源的消耗,优化了社会的健康管理体系。

在文化交流和社会凝聚力方面,体育组织发挥着不可替代的作用。通过举办各种大型赛事和活动,体育组织为来自不同文化背景的人们提供了一个交流和互动的平台,增进了彼此之间的理解和友谊。体育活动以其独特的包容性和吸引力,将不同年龄、性别、职业和社会阶层的人们团结在一起,增强了社会的凝聚力和归属感。文化间的交流不只局限于语言和风俗,而且更深层次地通过体育竞赛中的合作与对抗,增进了跨文化的理解与认同。

体育组织对经济发展也具有显著的推动作用。作为现代服务业的重要组成部分,体育产业通过赛事组织、体育旅游、体育用品制造和销售等多种形式,带动了相关产业的发展,创造了大量就业机会,促进了经济的繁荣。大型体育赛事的举办,不仅能带动当地的消费和旅游业,还能提升城市的知名度和美誉度,吸引更多的投资和资源,形成良性循环,从而推动城市的综合发展。

在教育方面,体育组织同样发挥着重要的作用。通过体育活动和赛事,青少年不仅能够锻炼身体,还能培养团队合作精神、竞争意识和公平竞赛的价值观。这些素质和能力对青少年的全面发展和未来成长具有深远意义。体育组织通过与学校和社区的合作,推动了体育教育的发展,促进了教育事业的进步,使青少年在德智体美劳方面得到全面发展,进而成为社会的栋梁之材。

(三)体育组织对体育事业发展的影响

体育组织在体育事业的发展中扮演着至关重要的角色,具有多方面的影响力和贡献。下面将详细探讨体育组织在规范管理、资源配置、文化传播以及国际交流与合作等方面的作用。

体育组织通过制定规范和标准,确保体育活动的公平性和竞争性。规范化的管理能够有效地减少违规与不公正现象,进而提升赛事的公信力和参与者的积极性。体育组织的规范和标准在全球范围内得以推广和执行,推动了体育事业的国际化进程,使得不同国家、地区的体育活动都能够在统一的规则下进行。这种统一的规则不仅提升了赛事的观赏性和竞争性,也促进了各国体育水平的共同提升。

在资源配置方面,体育组织起到了关键作用。通过协调和分配人力、物力和财力资源,体育组织能够最大限度地提高资源的使用效率。特别是在大型体育赛事中,体育组织负责筹备和执行各类赛事的细节工作,包括场地建设、赛事安排、后勤保障等。这不仅促进了赛事的成功举办,也推动了相关产业的发展,从而带动了区域经济的增长。有效的资源配置使得体育活动的质量和规模不断提升,吸引了更多的观众和投资者。

体育组织在推动体育文化和精神方面发挥着重要作用。通过组织和推广各类体育活动,体育组织传播了积极向上的体育文化和精神。体育精神的传播不仅有助于提升公众的身体素质和心理健康,还塑造了社会的价值观念。体育组织通过表彰优秀运动员和体育工作者,树立榜样,激励更多的人参与到体育运动中来,从而形成良性循环,推动了体育事业的可持续发展。体育文化的传播使得人们对体育的认知和参与热情不断提升,也进一步推动了体育事业的繁荣。

在国际交流与合作方面,体育组织也起到了桥梁作用。体育组织通过举办和参与国际赛事、会议等活动,促进了各国之间的交流与合作。这不仅增进了各国人民之间的友谊,也为全球体育事业的发展注入了新的活力。国际体育组织如国际奥委会(IOC)和国际足联(FIFA)在促进全球体育交流与合作方面作出了巨大贡献,推动了全球体育事业的繁荣。国际交流与合作使得各国能够相互学习和借鉴经验,共同推动体育事业的发展。

四、体育组织的典型结构模式

(一)层级制结构

层级制结构是体育组织中最为常见的一种管理模式,其特点是组织内部存在明确的等级关系和权力分配。这种结构有助于实现高效的管理和决策,因为每个层级的职责和权限都经过了清晰的界定,从而减少了在执行过程中可能会出现的冲突和不明确。层级制结构通常包括高层管理、中层管理和基层管理三个层次,每个层次都有其特定的功能和责任。

高层管理主要角色通常包括总经理、执行董事和高级副总裁等，他们负责制定组织的战略目标和长期规划。高层管理人员通常具有丰富的管理经验和专业知识，对组织的整体运作有全面的理解。通过有效的领导和决策，高层管理能够为整个组织提供方向和指导，确保组织的各项活动与战略目标能够保持一致。这种战略层次的管理能够帮助组织在快速变化的环境中保持竞争力和适应性。

中层管理是层级制结构中的中坚力量，他们负责将高层管理的战略决策转化为具体的行动计划，并监督基层的执行情况。中层管理者通常包括部门经理、项目主管等，他们在日常运营中起到了桥梁作用，确保信息在不同层级之间的有效传递。中层管理者需要具备良好的沟通能力和协调能力，以确保组织的各项活动都能够顺利进行。这一层级的管理者在实际操作中扮演着关键角色，他们的工作直接影响战略目标的落实和执行效果。

基层管理则是直接执行具体任务的层级，包括一线主管、团队领队等角色。他们负责具体工作的安排和监督，确保每个员工都能够按照计划完成任务。基层管理者需要具备很强的执行力和问题解决能力，能够及时应对和处理在工作中出现的各种问题，确保提高工作效率和质量。这个层级的管理者是组织的前线，他们的表现直接关系组织的日常运营和整体业绩。

层级制结构的优点在于其高度的组织性和规范性，使得管理过程井然有序。但同时，这种结构也可能导致信息传递的延迟和官僚主义的产生。因此，在实施层级制结构时，需要建立有效的沟通机制和灵活的管理方式，以充分利用其优点，避免其可能带来的弊端。为了实现这一目标，组织应不断优化其内部流程和沟通渠道，确保各层级之间信息流动的顺畅和高效。

（二）矩阵制结构

矩阵制结构是一种在复杂环境中有效管理资源并实现多目标的组织结构模式。通过将职能部门和项目团队交叉配置来形成一个双重指挥系统，使员工同时接受职能经理和项目经理的双重领导。这种双重链条的组织方式旨在优化资源配置，提高组织的灵活性和响应速度，特别适用于需要快速应对变化和创新的体育组织。

矩阵制结构的一个显著特点是其高度的灵活性和动态性。不同职能部门的专业人员会聚到项目团队中，能够充分利用各部门的专业知识和技能，增强组织的整体能力。这种结构特别适用于大型体育赛事组织、综合性体育俱乐部或体育联盟等复杂的体育组织环境，有效协调各个部门的资源，实现项目目标。通过这种方式，体育组织能够更加高效地应对不断变化的市场需求和环境，保持自身竞争优势。

尽管矩阵制结构有诸多优势，但也面临着一些挑战。双重领导可能导致权力冲突和职责不清，增加了管理的复杂性。员工在接受职能经理和项目经理的双重指挥时，可能会出现优先级不明确的问题，从而影响工作效率。体育管理者需要制定明确的沟通机制和协调政策，以确保矩阵制结构的有效运作，避免不必要的冲突和混乱。

为了在体育组织中成功实施矩阵制结构，管理者需要关注和处理几个关键问题。明确的角色和职责分工至关重要，要确保每一位员工都清楚自己的工作范围和报告关系。建立有效的沟通和协调机制，确保各部门和项目团队之间的信息流畅。培养团队合作精神和跨职能协作能力，通过培训和团队建设活动来增强员工的协作意识和整体效能。

（三）网络制结构

网络制结构是一种在现代体育组织中日益流行的组织形式，它强调去中心化管理和高度的灵活性。这种结构模式将体育组织的核心活动和职能外包给了不同的合作伙伴或专业机构，通过信息技术和高效的沟通渠道，将各个部分连接起来，从而实现资源的优化配置和快速响应市场需求。

在网络制结构中，体育组织不再将所有职能都集中在内部，而是通过与外部专业机构的合作来完成特定任务。例如，营销、媒体传播、赛事运营等可以交由具有专业优势的第三方公司完成。这样一来，体育组织就能够专注于战略管理和核心业务的提升。这种模式不仅提高了组织的专业化水平，还降低了运营成本和管理复杂性。

网络制结构的一个显著优势在于其灵活性和适应性。由于组织的各个部分通过合作关系和信息技术紧密联系，体育组织可以迅速调整资源配置以应对市场变化和突发事件。这种灵活性使得体育组织在面临不确定性和竞争压力时，能够保持较高的运营效率和竞争力。

在信息沟通和协调机制方面，建立高效的信息流通和协调机制对网络制结构的成功至关重要。组织需要确保各个合作伙伴之间的信息流畅和目标一致。这不仅有助于提高整体运营效率，还能够避免因信息不对称而导致的决策失误和资源浪费。

外包合作的风险管理是在网络制结构中不可忽视的问题。体育组织必须建立有效的监督和控制机制,防止因外包方的不当行为而导致的品牌和声誉损失。例如,制定严格的合作协议和定期审查合作伙伴的绩效,可以有效降低外包带来的潜在风险。

组织文化的统一性和凝聚力可能在网络制结构中受到影响。管理者需要采取措施维持组织内部的一致性和认同感,例如通过定期的内部沟通和团队建设活动,增强员工的归属感和使命感。这有助于在去中心化的环境中保持组织的整体协调和稳定。

五、体育组织与社会的关系

(一)体育组织与社区的关系

体育组织在社区中扮演着不可或缺的角色,其与社区的关系不仅影响社区的健康和福祉,还对体育组织自身的发展产生了深远影响。作为一种社会机构,体育组织通过提供各类体育活动和服务,促进了社区居民的身体健康、心理健康及社会融合。体育活动不仅可以改善居民的身体素质,还能增强社区凝聚力,促进社会和谐。

体育组织通过举办各种体育赛事和活动,吸引社区居民积极参与,形成良好的社区氛围。体育赛事不仅是竞技的场所,也是社区居民交流互动的平台。通过参加体育活动,居民之间的关系更加紧密,社区成员的认同感和归属感也得到增强。这种积极的社区氛围,有助于减少社会问题的发生,从而提高社区整体的生活质量。

在社区中,体育组织还扮演着教育和引导的角色。通过体育培训和教育活动,体育组织可以向社区居民传递健康生活的理念,倡导积极向上的生活方式。例如,青少年体育培训项目不仅可以提高青少年的运动技能,还能培养他们的团队合作精神和坚韧不拔的品质。这些软实力的提升,最终会反映在社区的整体素质上,进而推动社区的全面发展。

体育组织的存在和发展也离不开社区的支持。社区为体育组织提供了必要的场地、设施和资源支持,使其能够有效地开展各项活动。同时,社区居民的参与和反馈也是体育组织持续改进和发展的重要动力。通过与社区的紧密合作,体育组织能够更好地了解居民的需求,调整和优化其活动和服务内容,从而实现可持续发展。

体育组织还可以通过与社区其他机构的合作，实现资源共享和优势互补。例如，体育组织可以与社区学校、企业和政府部门合作，共同开展大型体育活动或公益项目，扩大影响力和服务范围。这种跨机构的合作，既提升了体育组织的社会价值，也为社区的全面发展注入了新的活力。

(二)体育组织与市场的关系

体育组织与市场的关系是体育管理学中的一个重要课题，它直接关系体育组织的生存与发展。作为一种特殊的社会组织，体育组织的运营和管理需要与市场机制紧密结合，以实现资源的最优配置和效益的最大化。市场不仅是体育组织获取资源和资金的重要渠道，也是其产品和服务的重要消费市场。因此，理解和掌握体育组织与市场的关系，对于提高体育组织的管理水平至关重要。

体育组织通过市场化运作，可以实现资源的有效配置。市场机制能够通过价格信号引导资源流向效益最高的领域，体育组织可以依靠市场来优化自身的资源配置。通过参与市场竞争，体育组织可以提高运营效率，降低成本，提升服务质量。同时，市场化运作还能促进体育组织的创新能力，推动其不断推出新的产品和服务，以满足市场需求。市场化的运作方式不仅提高了体育组织的生存能力，还大大增强了其在全球化背景下的竞争力。

市场为体育组织提供了多样化的融资渠道。体育组织的运营和发展需要大量的资金支持，传统的政府拨款和会员费收入已经难以满足其需求。通过市场，体育组织可以吸引社会资本的投入，如通过发行股票、债券等方式来筹集资金。这些融资方式不仅能迅速扩大资金来源，还能通过资本市场的运作来提升体育组织的知名度和影响力。此外，市场也为体育组织提供了多种商业合作的机会，如赞助、广告、特许经营等，这些都是重要的资金来源。这些渠道的多样化，使得体育组织在资金运作上更加灵活和多元。

体育组织与市场的关系还体现在市场需求对体育组织供给的引导作用上。市场需求是体育组织产品和服务的重要导向，只有满足市场需求，体育组织才能获得良好的市场表现。通过市场调研和需求分析，体育组织可以了解消费者的偏好和需求变化，从而调整自身的产品和服务供给，进而提升自身的市场竞争力。精准的市场需求分析不仅能帮助体育组织在激烈的市场竞争中占据有利地位，还能在消费者心中树立良好的品牌形象。

在市场经济条件下，体育组织需要具备市场意识和市场能力。体育组织的管理者应具备市场敏感性，要能够及时捕捉市场机会，规避市场风险。同时，体育组织需要建立健全的市场营销体系，提升品牌影响力和市场占有率。市场意识和市场能力的培养，对于体育组织的长远发展来说具有重要意义。具备强大市场意识和市场能力的体育组织，能更好地适应市场环境的变化，从而在未来的发展中占据主动地位。

第二节　体育组织的结构与功能

一、体育组织结构的类型

（一）正式结构与非正式结构

体育组织的正式结构是通过明确的规则、制度和惯例所建立的体系，确保组织运行有序和高效。正式结构通常包括各级管理层、职能部门、岗位设置和权责分配。它具备高度的规范性和制度性，能够提高管理效率和决策质量。例如，一个职业体育俱乐部的正式结构可能包括董事会、管理层、教练组和各职能部门（如市场部、人力资源部、财务部等），每个部门和岗位都有明确的职责和权限划分。这种清晰的层级关系和职权分配，有助于确保组织各项工作的顺利进行。

非正式结构指在体育组织中自然形成的关系网络和行为规范，基于个人关系、兴趣爱好和相互信任等因素。它具有一定的灵活性和适应性，不受正式制度的严格约束，但在实际工作中常发挥着重要作用。比如，教练与运动员之间的非正式沟通、同事之间的合作关系等，都属于非正式结构的一部分。非正式结构可以弥补正式结构的不足，促进信息交流和协作，从而增强组织的凝聚力和工作效率。它通过灵活的人际关系和网络，增加组织的适应性和内部沟通效率。

在体育组织中，正式结构和非正式结构相互补充，共同作用于管理和运行。正式结构提供运行的框架和规范，确保各项工作的有序进行；非正式结构则通过灵活的人际关系和网络，增强组织的适应性和内部沟通效率。因此，体育管理者在设计和管理组织结构时，应充分考虑两者的协调和平衡，既要建立科学合理的正式组织体系，又要鼓励和支持非正式结构的发展，从而形成一个高效、灵活且富有凝聚力的组织环境。

(二)集权结构与分权结构

在体育组织管理中,集权结构与分权结构是两种常见且重要的管理模式。每种结构都有其独特的优势和局限性,不同的管理情境可能需要灵活地应用这些模式以达到最佳管理效果。

集权结构在体育组织管理中普遍存在,其特点是决策权集中于高层管理者或核心领导团队。这种结构的优势在于确保决策的统一性和执行的高效性,特别是在需要快速响应和高度协调的情况下显得尤为重要。举例来说,在重大赛事的筹备和紧急情况的处理过程中,集权结构可以快速地传达决策,减少在信息传递过程中产生的延误和误解。同时,集权结构有助于有效控制组织内的资源分配,确保资源的优化使用,避免重复投资和资源浪费。

然而,集权结构也存在一定的局限性。过于集中的决策权可能限制下级管理者和员工的主动性和创造性,使他们难以充分发挥潜能。集权结构容易导致信息上传下达的"瓶颈"现象,信息流动的速度和质量可能受到影响,从而影响组织的整体效率和灵活性。在面对复杂多变的环境时,集权结构可能会显得僵化,不利于适应市场和环境的快速变化。

与集权结构相对应,分权结构在体育组织管理中也有重要应用。分权结构将决策权下放到各个层级的管理者,鼓励他们在职权范围内自主决策。这种结构的优势在于能够激发下级管理者和员工的积极性和创造性,促进组织内的创新和灵活应变能力。例如,在地方体育赛事的组织和运营中,分权结构能使地方管理者根据实际情况来自主决策,灵活应对各种突发情况,提高赛事的整体水平和观众满意度。

(三)线性结构与职能结构

体育组织的结构设计对其运行效率和管理效果有着至关重要的影响。在各种组织结构中,线性结构与职能结构是两种常见且各具特色的类型。下面将详细地探讨这两种结构的优缺点及其适用场景,并介绍混合结构在体育组织中的应用。

线性结构是指组织内部各单位按照职能或业务链条进行垂直的、逐级分层管理。这种结构强调权力的集中和指令的单一性,适合规模较小、业务流程简单的体育组织。在这种结构中,决策链条较短,信息传递迅速,能够有效减少沟通成本,提高决策效率。然而,线性结构的缺点在于过度集中的权力可能会导致管理负担过重，决策者难以应对复杂多变的市场环境。此外，在权力高度集中的情况下，基层员工的创造性和主动性可能会受到抑制，进而会影响组织的长远发展。

职能结构则是将组织的职能按照专业领域进行划分，每个职能部门负责特定的工作任务。这种结构适合业务复杂、多样化的体育组织。职能结构的优点在于能够充分发挥专业化管理的优势，各部门可以集中精力提高其专业领域的工作效率。同时，职能结构能更好地适应外部环境的变化，通过灵活调整各职能部门的资源配置来应对市场需求。然而，这种结构也存在着一些问题。例如，各职能部门可能会出现沟通不畅的情况，导致部门间的协作效率降低，甚至可能引发权力争斗和部门壁垒，影响整体协调与合作。

在实际应用中，体育组织经常结合线性结构与职能结构的优点，采用矩阵结构或项目团队等混合结构。混合结构能够在保持决策效率的同时，充分发挥专业化管理的优势。例如，在大型体育赛事的组织过程中，体育组织通常会设立专门的赛事运营团队，负责赛事筹备、宣传、票务等具体事务，各职能部门提供支持与配合，以确保赛事的顺利进行。通过这种方式，体育组织能够实现资源的优化配置，提高整体运行效率。

二、体育组织的层级与职责划分

(一)管理层级的划分

体育组织的管理层级划分是其高效运行的基础，合理的层级划分能够确保决策的科学性和执行的有效性。通过明确分工和层级设置，体育组织可以实现更高效的资源管理、任务执行和信息流通，确保组织目标的顺利达成。

高层管理主要负责整体战略的制定和组织的长远规划，通常包括组织的董事会、总经理或首席执行官等角色。他们的职责不仅局限于制定组织的愿景和使命，还需要对外部环境进行分析，制定适应性策略，确保组织在行业中能够保持竞争优势。高层管理者需要具备全局观和前瞻性，能够洞察市场变化和趋势，制订长远发展规划，为组织指引方向。

中层管理是联结高层管理和基层管理的桥梁，他们的主要任务是将高层管理的战略决策转化为具体的执行计划。这一层级包括部门经理、分支机构的主管等角色。中层管理者需要协调各部门的工作，确保资源的有效分配，负责监督和评估各项计划的执行情况，并及时反馈信息给高层管理，以便进行必要的调整。中层管理者的协调能力和执行力直接影响战略决策的落实效果。

基层管理位于组织的底层，直接面对一线员工和具体操作。基层管理者如班组长、项目主管等，主要任务是具体工作的执行和实现。他们负责具体任务的分配和执行，确保每一项工作都能够按计划进行。基层管理者的工作直接影响组织的日常运营效率和执行质量，因此，基层管理者需要具备较强的执行力和问题解决能力。他们的工作细致入微，要确保每个环节的顺利运转。

（二）层级间的协同与沟通

在体育组织的管理中，层级间的协同与沟通是确保组织高效运作的关键因素。明确的沟通渠道有助于信息的及时传递和反馈。高层领导通过正式和非正式的沟通机制，将战略决策和组织目标传达给中层和基层管理者。中层管理者则在执行过程中将遇到的问题和反馈信息上报给高层，以便进行及时调整。这样的沟通方式确保了各个层级能够迅速了解组织的整体方向和具体要求，从而在执行层面上保持一致性。

协同机制的建立能够显著提高不同部门和层级之间的合作效率。跨部门的项目团队通过定期地协调会议和任务进度报告，确保所有相关方都能够了解项目的进展情况，并能迅速响应和解决出现的问题。这种协同机制不仅提高了工作效率，还促进了团队成员之间的理解与信任。不同部门之间的协作和资源共享，使得整个组织能够更高效地达成共同目标，避免了因信息不对称或资源配置不合理而产生的摩擦和延误。

体育组织应重视建立和维护良好的上下级关系。上级管理者要关注下属的工作需求和职业发展，提供必要的支持和指导。下级员工则需要积极主动地反馈工作情况和提出合理建议。通过这种双向的沟通互动，营造积极向上的组织氛围，有助于提升员工的工作积极性和满意度。良好的上下级关系不仅能增强员工的归属感和忠诚度，还能激发他们的潜力和创造力，为组织的发展注入新的活力。

现代信息技术的应用为体育组织层级间的协同与沟通提供了新的工具和平台。利用电子邮件系统、即时通信软件和协同办公平台，可以实现信息的快速传递和共享，减少在信息传递过程中会出现的扭曲和延迟状况。这些技术手段不仅提高了沟通效率，还为组织的决策和管理提供了数据支持和分析工具。通过大数据分析和智能化管理，能够更精准地把握市场动向和内部运营状况，为组织的长远发展提供科学依据。

三、体育组织的协调机制

(一)内部协调机制

体育组织的内部协调机制在组织管理中起着至关重要的作用。通过优化内部沟通、明确职责分工、建立有效的管理流程等手段,这些机制确保各个部门和成员之间的高效合作,从而提高组织的整体效率和竞争力。这不仅有助于实现组织的战略目标,还能为成员提供良好的工作环境,从而促进组织的长期稳定发展。

1.内部沟通

建立畅通的信息交流渠道,如定期召开部门会议、使用内部通信工具等,可以确保各部门之间的信息能够及时共享和反馈。有效的内部沟通不仅能够提高工作效率,还能减少因信息不对称而导致的误解和冲突。通过多种沟通手段,组织能够确保成员之间保持同步,快速响应和解决问题,从而避免因信息滞后带来的负面影响。

2.明确职责分工

体育组织应根据成员的专业背景和工作能力,合理地分配任务和职责,避免出现职责重叠或职责真空的情况。通过详细的岗位描述和明确的工作流程,每个成员都能清楚自己的工作内容和责任,从而促进团队的协作和协调。这种明确的职责分工不仅能提高工作效率,还能增强成员的责任感和归属感。

3.建立有效的管理流程

通过制定标准化的工作流程和管理制度,可以规范各项工作的开展,提高组织的管理水平。引入项目管理工具,对各项任务进行跟踪和管理,确保每项工作都能按计划推进。此外,建立绩效考核机制,通过定期评估成员的工作表现,激励成员不断提高自己的工作能力和效率。这样,组织能够在有序的管理中实现高效运作,进而达到预期的目标。

(二)外部协调机制

外部协调机制是体育组织在面对外部环境和利益相关者时所采取的管理策

略与手段，其目的在于有效整合外部资源、应对外部挑战，确保组织目标的实现及可持续发展。体育组织不仅需要在内部高效运行，还需要在外部环境中灵活应变，以获取更多的支持与资源。

体育组织与政府部门的协调是外部协调机制中的关键环节。政府部门在体育政策的制定与实施、体育场馆的规划与建设、体育赛事的审批与监管等方面发挥着重要作用。体育组织需要与各级政府保持密切沟通，积极参与政策制定过程，争取政策支持和财政投入。遵守政府的法规与政策，确保自身运营的合法性和规范性，是体育组织与政府合作的基础。

体育组织与商业企业的合作是外部协调机制的另一重要方面。商业企业通过赞助、广告和联合营销等形式来为体育组织提供资金支持，也能从体育活动中获得品牌曝光和市场推广的机会。体育组织应积极寻求与商业企业的合作机会，与企业建立互利共赢的合作关系，提升自身的市场竞争力和品牌价值。这样的合作不仅可以解决资金问题，还能带来先进的管理理念和技术支持，促进体育组织的现代化发展。

体育组织还需要与媒体建立良好的关系。媒体在体育赛事的宣传和推广中扮演着至关重要的角色。通过媒体报道，体育组织可以扩大影响力，提升公众关注度，吸引更多的观众和参与者。体育组织应积极与媒体沟通，提供丰富的新闻素材和信息，维护良好的媒体关系，确保信息的准确传递和正面形象的塑造。媒体的参与不仅有助于赛事的成功举办，还能提升体育组织的知名度和社会影响力。

与其他体育组织的合作与交流也是外部协调机制的重要组成部分。不同层级和类型的体育组织通过合作与交流，可以实现资源共享、经验互鉴，提高整体水平。例如，国际体育组织可以为国内体育组织提供国际赛事的参赛机会和技术指导，地方体育组织可以通过与全国性组织的合作来提高自身的专业化水平和管理能力。通过多层次、多领域的合作，体育组织可以形成强大的合作网络，共同推动体育事业的发展。

（三）跨部门协调机制

在现代体育组织管理中，跨部门协调机制是确保高效运作和资源优化的重要手段。体育组织通常由多个职能部门组成，如赛事组织、市场营销和人力资源等，每个部门都有其特定的职责和任务。为了避免资源浪费和职能重叠，必须建立有效的跨部门协调机制。

1.建立清晰的沟通渠道和高效的信息共享系统

体育组织可以通过定期召开跨部门会议,来确保各部门在目标设定和任务执行上保持一致。这些会议不仅能使各部门了解彼此的工作进展和需求,还能及时解决协作中的问题,避免因信息不对称而导致的决策失误。通过高效的沟通,组织内部的信息流动更加顺畅,从而提高整体运作效率。

2.制定明确的跨部门合作流程

体育组织需要设计标准化的流程和规则,确保各部门在协作时都有章可循。例如,在赛事组织部门与市场营销部门的合作过程中,可以通过标准化的项目管理工具和工作流程,明确各自的职责和工作节点,确保每一个环节都能顺利衔接。这种标准化的合作流程不仅能提高工作效率,还能减少因部门间协调不力而导致的工作延误。明确的流程让每个部门都知道自己在整个项目中扮演的角色和承担的责任,从而促进团队合作。

3.构建良好的组织文化

体育组织应倡导团队合作和共享成功的文化,激励员工跨部门协作。通过组织团队建设活动、跨部门培训等方式,增强员工的协作意识和团队精神,使他们在日常工作中更加愿意并善于与其他部门合作。良好的组织文化不仅能提升员工的工作积极性,还能增强整个组织的凝聚力,使跨部门合作更加顺畅和高效。

四、体育组织的功能分类

(一)管理功能

体育组织的管理功能通过科学的管理手段和方法,协调体育活动的各个方面,以实现组织的目标。核心在于规划、组织、领导和控制四大管理职能。以下是对这些职能的详细描述。

体育组织的规划功能在管理中起着基础性作用。规划是指确定组织的目标及实现目标的具体方法和步骤。体育组织的规划应包括长期、中期和短期目标,并结合实际情况来制订可操作的计划。这不仅有助于组织成员明确共同的奋斗方向,还能提高资源利用效率,避免资源浪费。此外,规划还需要考虑外部环境的变化,确保组织能够灵活应对各种挑战。

组织功能是将规划转化为具体行动的重要环节。体育组织需要通过合理的组织结构和流程设计来确保各项任务的有效执行。组织功能包括岗位设置、职责分配、人员配置和工作流程设计等内容。科学的组织结构不仅能够提高工作效率,还能增强组织的灵活性和适应性。为了实现这一点,管理者需要根据组织的规模和性质,设计出最适合的组织架构和工作流程。

领导功能在体育组织管理中同样不可忽视。领导是指通过激励、指导和协调,使组织成员朝着既定目标努力的过程。体育组织的领导者需要具备良好的沟通能力、决策能力和激励能力,以充分调动组织成员的积极性和创造性。有效的领导能够提高团队凝聚力和战斗力,为实现组织目标提供有力的保障。领导者还需要具备解决问题的能力,以便在面对突发情况时能够迅速作出反应。

控制功能是确保体育组织计划得以实现的重要手段。控制是指通过制定标准、监控实施过程、评估结果和纠正偏差,确保组织活动可以按计划进行。体育组织的控制功能包括财务控制、质量控制和绩效评估等内容。科学的控制体系能够及时发现问题并采取纠正措施,确保体育活动的顺利进行。控制还需要定期进行审核和反馈,以便不断优化管理过程和提高管理水平。

(二)运营功能

体育组织的运营功能是其实现目标和任务的关键环节,涵盖多个方面的重要内容。

1.资源的有效配置与管理

资源不仅局限于财务资源,还包括人力资源、物质资源和信息资源等。通过科学合理的资源配置,体育组织能够显著地提高效率和效益,从而更好地实现其战略目标。举例来说,体育赛事的组织需要充分调动和协调各种资源,以确保赛事的顺利进行,从而为观众提供高质量的观赛体验。

2.日常管理和行政事务的处理

这包括组织内部的沟通协调、工作流程的制定与执行,以及各部门之间的协作与配合。有效的日常管理能够确保组织运行的稳定性和连续性,为各项体育活动的顺利开展提供坚实的基础。特别是对于大型体育赛事,高效的行政事务处理是保障赛事成功举办的关键前提。通过规范化管理,体育组织可以保持高效运转，确保各部门紧密合作、相互支持。

3. 市场营销和品牌管理

通过制定和实施有效的市场营销策略，体育组织能够提高品牌形象和市场影响力，吸引更多的赞助商和观众。利用社交媒体和数字平台进行推广，可以大幅度地扩大体育赛事的知名度和覆盖面，从而增强观众的参与感和忠诚度。例如，组织在线互动活动或发布幕后花絮，能够拉近自身与观众的距离，提升品牌价值。

4. 风险管理和危机应对

建立完善的风险管理机制，识别潜在风险并制定应对策略，是防止突发事件对组织运营造成严重影响的有效措施。在新冠疫情期间，许多体育组织都通过调整赛事安排和强化卫生防疫措施，成功应对了运营中的挑战，保障了组织的正常运行。这样的风险管理能力既保护了组织自身，也保障了观众和参与者的安全。

(三)服务功能

体育组织在现代体育管理中扮演着不可或缺的角色，通过多种方式来满足公众需求，推动社会进步和健康发展。

体育组织通过提供丰富多样的体育活动和赛事，满足公众对健康生活方式和娱乐的需求。这些活动不仅局限于专业竞技赛事，还包括群众体育活动和社区体育项目。通过各种类型的体育服务，体育组织能够吸引不同年龄段和兴趣的人群，从而提高全民健康水平，促进社会和谐发展。

在教育和培训方面，体育组织通过组织培训班、讲座和研讨会等形式，为运动员、教练员、裁判员及体育管理人员提供专业知识和技能培训。这种培训不仅提高了个体的专业水平，也推动了整个体育行业的职业化和专业化发展。尤其是在青少年体育培训中，体育组织通过系统的训练和科学的管理，可以确保青少年在体育运动中得到全面发展，培养未来的体育人才。

体育组织还通过提供体育设施和场地，支持和推动地方体育事业的发展。这包括建设和维护体育场馆、运动场地和健身设施等，为公众提供良好的体育锻炼环境。优质的体育设施不仅提高了人们参与体育活动的积极性，还为举办各种体育赛事提供了基础保障，从而推动了地方经济的发展和社会的进步。

在社会公益和社区服务方面，体育组织通过组织慈善赛事、体育义工活动和社区体育项目，提升自身的社会形象，增强公共服务能力，促进社会的公平和公正。特别是在偏远和贫困地区，体育组织通过捐赠体育器材和组织义务培训等方式来推动体育资源的公平分配和利用，为这些地区的体育事业发展贡献力量。

第三节　体育组织管理体系的构建

一、体育组织管理体系的基本构成

（一）管理体系的要素

构建有效的体育组织管理体系需要全面考虑多个关键要素，这些要素共同作用，确保管理体系的有效运行和持续优化。

1. 管理目标

管理目标的设定应依据体育组织的使命和愿景，明确其短期和长期的发展方向。在具体实践中，管理目标应涵盖竞技成绩的提升、体育文化的传播、社会影响力的扩大以及经济效益的实现等方面。清晰且可行的管理目标不仅能够引导组织成员的努力方向，还能为绩效评估提供明确的标准。

2. 管理结构

管理结构决定了体育组织内部的职责分工和权力分配。一个科学合理的管理结构应当具备清晰的层级关系和明确的职能分工，要确保各部门和岗位的协同工作。直线型、职能型和矩阵型等常见的管理结构形式各有优劣，体育组织应根据自身特点和实际需求选择最适合的结构形式，以最大化组织运作的效率和效果。

3. 人力资源

高效的人力资源管理能够确保体育组织拥有一支高素质、专业化的管理和技术团队。人力资源管理的内容包括招聘与选拔、培训与发展、绩效管理和薪酬激励等方面。注重人才的培养与发展，不仅能够提升员工的职业素养和综合能力，还能增强组织的创新力和应变力，以适应不断变化的外部环境。

4.管理流程

管理流程涵盖目标设定、计划制订、执行和反馈等各个步骤。科学的管理流程能够提高体育组织的运营效率,减少资源浪费,提升决策的科学性和及时性。完善的信息沟通机制是管理流程优化的关键,能够确保各项工作有序推进,及时发现并解决问题,促进组织的持续改进和发展。

5.管理文化

管理文化是体育组织管理体系的隐性要素,但同样具有重要意义。管理文化包括组织的价值观、行为规范和管理理念等。积极向上的管理文化能够激发员工的工作热情,增强团队的凝聚力和战斗力。弘扬健康、拼搏、合作的文化精神,营造良好的工作氛围,不仅有助于提高整体管理水平,还能树立良好的组织形象,吸引更多优秀人才和资源的加入。

(二)管理体系的框架

体育组织管理体系的框架是确保体育组织有效运行和实现其目标的基础。明确的战略目标和核心价值观是管理体系的指导方向和行为准则。战略目标应与组织的使命和愿景相一致,确保每项管理决策都支持长远发展和社会责任。这些要素不仅为组织提供了方向,还为员工的行为设定了标准,帮助他们理解组织的整体目标和价值取向。

组织结构的设计涉及明确的职能分工和职责划分,以保证各部门和岗位的协调运作。科学的组织结构设计能提高资源利用效率,增强内部协作和信息沟通,减少职能重叠和管理盲区。对于大型体育组织,合理的组织结构能够有效地应对复杂的管理环境和多样化需求,确保各部门都能够在各自的职能范围内高效运作。

制度建设是管理体系中至关重要的环节,包括制定和完善各项管理规章制度,如财务管理制度、人力资源管理制度和风险管理制度等。这些制度为日常管理提供明确的操作规范和流程,并为应对突发事件和风险管理提供应急预案。制度应具有前瞻性和灵活性,能够随着外部环境和内部需求的变化进行调整和优化,使组织始终处于良性运行状态。

信息管理系统是现代体育组织管理体系的重要组成部分。通过集成不同的管理模块来实现信息的高效传递和共享,从而为决策提供科学依据。先进的信息管理系统能提高管理效率，减少人为误差，增强组织的反应能力和竞争力。大数据和人工智能技术的发展，使信息管理系统的建设变得尤为重要，能够进一步提高组织的管理水平和决策能力。

绩效评估和反馈机制是管理体系不可或缺的部分。通过建立科学的绩效评估体系，可以全面地评估和分析组织各项活动和管理成效，发现问题和不足，并及时进行调整和改进。反馈机制确保评估结果有效传递到各级管理层和员工，使改进措施得以落实和执行，形成一个持续优化的管理闭环，从而不断提高组织的整体绩效和管理水平。

二、体育组织管理的战略规划与目标设定

（一）战略规划的流程

战略规划是在体育组织管理中的关键环节，这一过程包括环境分析、战略目标设定、战略选择与实施以及战略评估和反馈。科学、系统的战略规划可以帮助体育组织在激烈的市场竞争中保持优势，并实现可持续发展。

环境分析是战略规划的起点，通过对内外部环境的全面评估，体育组织能够了解自身所面临的机遇与挑战。内部环境分析包括对组织的资源、能力、文化和结构等方面的评估，目的是明确组织的优势和劣势。外部环境分析则关注市场需求、竞争态势、政策法规和社会经济环境等因素。这一环节的重要性在于，通过系统的环境分析，体育组织能够识别外部的威胁和机会，为后续的战略目标设定奠定基础。

战略目标设定是战略规划的核心步骤。基于环境分析的结果，体育组织需要结合自身的使命和愿景来制定明确且可行的战略目标。目标设定应遵循SMART原则，即具体（Specific）、可衡量（Measurable）、可实现（Achievable）、相关性（Relevant）和时限性（Timebound）。明确的战略目标不仅可以为组织指引未来的发展方向，还能激发组织成员的工作动力，提高组织的凝聚力和向心力。

战略选择与实施是将战略目标转化为实际行动的关键环节。在战略选择过程中，体育组织需要评估不同战略方案的优劣，选择最符合组织实际情况的战略路径。战略选择应综合考虑资源配置、市场竞争态势、政策环境等因素。一旦确定战略选择，组织则需要制订详细的实施计划，包括资源投入、时间安排和责任分工。在实施过程中，建立有效的监控和协调机制是确保战略顺利推进的重要

保障。

战略评估和反馈是战略规划流程的闭环。定期的战略评估能够帮助体育组织了解战略实施的进展情况,识别存在的问题和不足,并及时调整战略和实施计划。评估内容应涵盖战略目标的实现情况、资源使用的效率以及组织内部的协调与合作等方面。通过评估和反馈,体育组织可以不断优化战略规划,提高管理水平,增强自身的适应能力和竞争力。

(二)目标设定的方法

目标设定是在体育组织管理中的关键环节,对于实现组织愿景和战略具有重要意义。精准的目标设定能够有效调动资源、激励成员,并实现既定的战略目标。以下是详细描述目标设定的方法。

具体的目标有助于明确组织的发展方向,避免模糊不清的方向性问题;可测量的目标便于评估进展和成果,提供客观的数据支持;可实现的目标确保了目标的现实性和可操作性,避免设定过高或过低的期望;相关的目标则确保了目标与组织整体战略的一致性,避免偏离核心战略;有时间限制的目标能够为组织设定实现目标的时间框架,促进有效的时间管理和进度把控。

除了 SMART 原则,倒推法也是一种有效的目标设定方法。倒推法可以从最终目标出发,逐步逆向推导出各个阶段的小目标和具体任务。通过这种方法,体育组织能够更好地把握实现目标的路径,确保每一步都有明确的方向和依据。倒推法的好处在于它能够帮助组织清晰地绘制出实现目标的路线图,降低盲目性,确保各项工作都能够有序进行。

关键绩效指标(KPI)法也是一种常用的目标设定方法。通过设定一系列能够反映组织绩效的具体指标,KPI 法能够跟踪和评价组织的进展和成效。KPI 法不仅有助于明确各部门和个人的责任,还能够通过绩效评估激励成员,提高工作效率和效能。设置合理的 KPI,可以为管理层提供及时、准确的反馈信息,从而使管理层更好地进行决策和调整。

体育组织在目标设定过程中,还应注重目标的层级结构和整体协调性。目标层级结构包括战略目标、战术目标和操作目标三个层次。战略目标是组织长远发展的总体追求,通常是长期的、宏观的。战术目标是为实现战略目标而设置的中期目标,具有较强的指导性和具体性。操作目标则是具体的、短期的工作任务,往往是日常工作中的具体行动。通过分层设定目标,可以确保每一层级的目标都可以服务于上一级目标,从而形成一个有机的目标体系,确保组织各项工作都能够相互配合、协调推进。

三、体育组织管理模式的优化

(一)管理模式优化的必要性

体育组织管理模式的优化，是提高体育组织运行效率和竞争力的关键。当前，随着体育产业的快速发展，传统的管理模式已无法适应现代体育组织的需求。优化管理模式可以有效地提高体育组织的决策效率，增强资源配置的合理性，从而促进组织的整体发展。特别是在信息技术广泛应用的背景下，通过引入先进的管理工具与方法来提高管理的科学化和精细化水平，显得尤为重要。

体育组织在全球化趋势下面临着更加激烈的国际竞争。为了在全球市场中占据有利地位，体育组织必须不断地提高自身的管理水平。优化管理模式不仅能够提高组织的运营效率，还能增强其应对外部环境变化的能力。通过优化管理模式，体育组织可以建立起更加灵活和高效的管理体系，从而使自己在市场竞争中保持优势。这种适应性的提升，对于在瞬息万变的市场环境中抓住机遇而言至关重要。

体育组织的社会影响力和公众形象也能通过优化管理模式得到提升。现代体育组织不仅是体育赛事的组织者，更是社会文化的重要组成部分。通过优化管理模式，体育组织可以更好地履行其社会责任，提高社会公众对体育事业的认同感和支持度。这对于体育组织的长远发展具有重要的战略意义。公众形象的提升，不仅能增强社会对体育组织的信任，还能为体育组织吸引更多的合作机会和资源。

管理模式的优化还能够促进体育组织内部的创新和变革。通过引入新的管理理念和方法，优化管理模式可以激发组织内部的创新活力，推动组织在业务流程、管理机制等方面进行持续改进。这不仅有助于提升组织的整体绩效，还能为体育组织的可持续发展提供强有力的支持。创新的管理模式能够为组织带来更多的灵活性和适应性，从而使组织在激烈的市场竞争中立于不败之地。

(二)管理模式优化的方法

体育组织管理模式的优化需要从多个维度进行考量，以实现组织效能的最大化。优化管理模式是提升体育组织效能和竞争力的关键步骤。

科学的决策过程是管理模式优化的基础。体育组织应通过系统地分析和评估,来明确组织目标和战略方向,进而制定科学的管理策略。在这一过程中,利用数据分析工具和管理信息系统,可以提高决策的准确性和及时性,确保管理模式的持续优化。数据的实时性和准确性可以帮助管理者快速调整策略,并适应外部环境的变化。

组织结构的合理调整是提高工作效率和减少资源浪费的重要手段。体育组织应根据其规模、业务范围和发展阶段来设计适合的组织结构。例如,通过扁平化管理,可以减少管理层级,提高决策效率;通过矩阵式结构,可以增强部门间协作,提升整体协同效应。合理的组织结构不仅能够优化资源配置,还能提高员工的积极性和工作效率。

人才管理是管理模式优化的核心。体育组织应重视人才的选拔、培训和激励机制,构建一支高素质的管理团队。通过定期的培训和职业发展规划,可以提高管理人员的专业能力和管理水平。同时,建立有效的激励机制,可以激发员工的工作热情和创造力,从而推动管理模式的优化。高素质的人才队伍是组织能够持续发展的重要保证。

四、体育组织管理中的文化建设

(一)组织文化的内涵

体育组织文化是体育组织的重要组成部分,涵盖组织成员共同认可的价值观、信仰、行为准则与传统习惯。它不仅体现在体育组织的日常运营和决策过程中,还影响着组织成员的行为方式和团队凝聚力。体育组织文化的建设,需要通过长期的积累和共同的努力,来逐步形成独特的文化氛围,从而提升组织的竞争力和影响力。

体育组织文化的内涵可以从多个方面去进行分析。体育组织文化包括组织的核心价值观和使命。核心价值观是组织成员在工作中共同遵循的基本信念和行为准则,而组织的使命则是体育组织存在的根本目的和长期追求的目标。通过明确和传播这些核心价值观和使命,体育组织可以增强成员的归属感和使命感,促进组织内部的协调与合作。

体育组织文化还包括组织成员的行为模式和习惯。组织文化不只是抽象的理念,还体现在具体的行为和习惯上。例如,体育组织中的团队合作精神、敬业精神和创新精神都是组织文化的重要组成部分。这些行为模式和习惯通过日常的工作和训练逐渐形成，最终成为体育组织文化的重要标志。

体育组织文化还体现在组织的制度和规范中。制度和规范是组织文化的具体体现，通过明确的制度和规范，体育组织可以将抽象的价值观和行为准则转化为具体的操作指南，从而规范成员的行为，提高组织的管理效率和执行力。例如，体育组织可以通过制定明确的奖惩制度、培训制度和沟通机制，来强化组织文化的建设，进而提升组织的整体素质。

（二）组织文化的建设

组织文化是体育组织中至关重要的一部分，它不仅影响着组织内部的氛围和成员的行为，还会对外部形象和公众认知产生重大影响。在体育组织管理中，组织文化的建设需要系统的规划和持续的投入。

体育组织需要明确自身的核心价值观，这些价值观应当反映体育精神和组织使命，如公平竞赛、团队合作、不断进取等。明确的价值观能够为组织成员提供行为准则和决策方向，从而统一全体成员的思想和行动。这一过程不仅是文化建设的基础，也是维系组织内部一致性的重要手段。

领导层的示范作用在组织文化建设中至关重要。领导者应当身体力行，践行组织的核心价值观和行为规范，起到表率作用。通过领导者的言行示范，能够有效地影响和激励组织成员，使其认同并践行组织文化。领导层不仅是文化的倡导者，更是文化的执行者，还能够在无形中塑造组织的整体氛围。

定期开展培训和宣导活动是强化成员对组织文化的理解与认同的有效途径。通过团队建设活动、文化沙龙、专题培训等方式，能够增强成员之间的沟通与协作，提升组织凝聚力。这些活动不仅能够传播组织的核心价值观，还能为成员提供交流和互助的平台，使组织文化深入人心。

制度和机制的保障是确保组织文化落实和持续的关键。体育组织应建立健全相关的管理制度，如奖惩机制、晋升机制等，以确保组织文化的要求能够内化为每一位成员的自觉行动。科学合理的制度设计能够使组织文化变成一种常态化的行为规范，推动组织文化的长效发展。

第四章　体育赛事管理

第一节　体育赛事概述

一、体育赛事的定义与分类

(一)体育赛事的定义

体育赛事是指按照既定的规则和程序，由运动员或运动队在特定的时间和地点进行的体育竞争活动。其本质在于通过竞技手段来展示体育技能和体能，达成竞技目标，并以此为基础来进行排名和奖励。作为体育运动的重要组成部分，体育赛事不仅是检验运动员竞技水平和技战术能力的舞台，也是促进体育交流、弘扬体育精神和增强社会凝聚力的重要途径。

体育赛事的多样性涵盖了从个人项目到集体项目、从业余比赛到职业联赛等不同层次和形式。无论是个人项目还是集体项目，体育赛事都需要严格遵循公平、公正、公开的原则。只有在确保竞赛结果的权威性和公信力的前提下，体育赛事才能够真正地体现出其竞技价值和社会意义。

组织和管理体育赛事需要系统化和规范化的流程，以保证赛事的顺利进行和参赛者的安全。系统化的管理涵盖了从赛事策划、场地安排、裁判员配置到应急预案等多个环节。规范化的操作不仅有助于提高赛事的质量和水平，还能确保各方利益的平衡和赛事的长期可持续发展。

体育赛事在实际操作中还包括其社会功能和经济效益。除了作为运动员展示自我的平台，体育赛事也是吸引观众、促进体育消费的重要途径。大型体育赛事如奥运会、世界杯等都具有强大的品牌效应和经济带动作用，能够推动城市基础设施建设、提升城市形象和促进区域经济发展。由此可见，体育赛事的影响远远超出了竞技活动本身，具有广泛的社会和经济效益。

(二)体育赛事的类型

体育赛事的类型多种多样，根据不同的标准可以进行多种分类。不同的分类标准不仅丰富了体育文化，也为不同层次和兴趣的人群提供了广泛的参与机会。以下是体育赛事的主要分类方式和详细描述。

按照参赛者的类型，体育赛事可以分为职业赛事和业余赛事。职业赛事是由职业运动员参加的比赛，通常具有高水平的竞技性和商业化运作，如NBA、英超联赛等。这些赛事不仅是顶尖运动员展示实力的平台，也是商业赞助和媒体关注的焦点。业余赛事则主要面向非职业运动员，旨在推广运动项目和提高公众的参与度。比如社区篮球赛和学校运动会，这类赛事更多关注的是全民健身和社区互动。

依据赛事的规模和影响力，体育赛事可以分为国际赛事、国家级赛事和地方赛事。国际赛事如奥运会、世界杯等，可以吸引全球观众和选手，具有广泛的国际影响力。这些赛事不仅是体育竞技的最高舞台，也是国家展示自身软实力的机会。国家级赛事如中国全国运动会、美国超级碗等，主要在国家范围内进行，目的是提升国家体育水平和凝聚力。地方赛事则在特定地区或城市举办，服务于当地社区和体育爱好者，如市级马拉松比赛和地方联赛，这类赛事促进了地区体育文化的发展。

从赛事的组织形式来看，体育赛事可以分为单一项目赛事和综合性赛事。单一项目赛事专门为某一运动项目而设，如温布尔登网球锦标赛、波士顿马拉松赛等。这类赛事集中展示某一项目的最高竞技水平。综合性赛事包括多个运动项目，参赛者可以在不同项目中竞争，如奥运会、全运会等。这类赛事不仅考验运动员的综合实力，还能展示国家的体育发展水平，促进各项目间的相互交流和发展。

根据参赛者的年龄和性别，体育赛事可以分为青少年赛事、成人赛事和老年赛事以及男女混合赛事和单性别赛事。青少年赛事如全国青少年运动会，旨在发掘和培养体育后备人才，推动年青一代的体育发展。成人赛事如职业联赛，注重竞技水平和观赏性，是职业运动员展示自我价值的舞台。老年赛事如老年人运动会，更多关注的是健康和娱乐，鼓励老年人积极参与体育活动。性别分类则依据不同运动项目的需求和传统，提供专门的比赛平台，如男子足球联赛和女子篮球联赛，确保了比赛的公平性和观赏性。

二、体育赛事的社会功能与影响

(一)体育赛事的社会功能

体育赛事在现代社会中扮演着多重角色，其社会功能涵盖文化交流、社会整合、经济发展和健康促进等多个方面。下面将详细地探讨体育赛事在这些方面的具体表现和影响。

体育赛事作为一种全球性的文化现象，通过竞技和娱乐的形式，促进了不同文化、种族和国家之间的交流与理解。大型国际赛事，如奥运会和世界杯，不仅吸引了全球数十亿观众的关注，还成为展示不同国家文化特色和风貌的平台。各国在赛事期间展示的文化节目和特色活动，增强了全世界人民的文化认同感，促进了跨文化的交流与合作。同时，体育赛事还促进了博彩业的繁荣。

体育赛事具有独特的社会凝聚力。在赛事期间，不同背景和阶层的人们因为共同的兴趣和情感纽带而聚集在一起，形成了一种强烈的社会归属感和认同感。无论是现场观赛还是通过媒体观看比赛，观众们共同经历的情感起伏，在无形中拉近了彼此之间的距离，促进了社会的和谐与团结。这种集体体验不仅增强了个体对社会的认同，也有助于缓解社会矛盾，提升社会的整体凝聚力。

大型体育赛事对经济发展具有显著的推动作用。赛事的举办通常需要大量的基础设施建设、服务人员和相关产业链的支持，这对主办城市或国家的经济发展具有积极的推动作用。赛事期间，旅游、餐饮、住宿等相关产业的繁荣带动了地方经济的增长，增加了就业机会。与此同时，赛事的成功举办也提升了城市形象和品牌，吸引更多的投资和游客，进一步促进了经济的长期发展。

（二）体育赛事的社会影响

体育赛事作为一种重要的社会文化现象，对社会各个层面产生了深远的影响。无论是促进社会团结与认同感，还是对经济、文化以及公共健康的推动作用，体育赛事都在现代社会中扮演了不可或缺的角色。

大型体育赛事如奥运会、世界杯等，通过激发国民的爱国热情、增强国家和地区的凝聚力，发挥了积极的社会功能。在赛事期间，人们因共同的关注和情感体验而形成了强烈的社会归属感，进一步促进了社会的和谐与稳定。这种社会归属感能够跨越年龄、性别和社会阶层的界限，营造出全民参与的氛围，使得社会能够更加紧密地团结在一起。

体育赛事对经济的推动作用不容忽视。大型体育赛事往往会吸引大量的观众和游客，带动旅游、餐饮、交通等相关产业的发展，进而促进地方经济的繁荣。通过体育赛事的电视转播和媒体报道，赛事主办地的知名度和美誉度也得到了显著提升，吸引了更多的投资和商业机会，为地区的长期经济发展创造了有利条件。例如，2008 年北京奥运会极大地提升了北京的国际形象，吸引了大量的外国游客和投资者。

在社会文化层面，体育赛事不仅是体育精神和竞技文化的展示平台，还为不同文化背景的人们提供了交流和理解的机会。国际性体育赛事在全球范围内传播不同国家的文化和价值观，有助于促进跨文化交流与理解，推动全球化进程。例如，每届奥运会都会展示各国的民族特色和文化传统，这丰富了全球观众的文化体验。同时，体育赛事的举办还推动了文化产业的发展，丰富了人们的文化生活。

体育赛事对社会公共健康的影响也值得关注。通过广泛的宣传和推广，体育赛事激发了公众对体育运动的兴趣和参与热情，促进了全民健身运动的发展。通过参与和观看体育赛事，人们的健康意识和身体素质得到了提升，进而减轻了社会医疗负担，提高了整体社会福利水平。例如，马拉松赛事的广泛开展，使得越来越多的人开始重视跑步和健身，形成了良好的健身风尚。

三、体育赛事的市场价值

（一）体育赛事的经济效益

体育赛事作为一种高度公众参与的活动，不仅具有社会文化价值，还展现出了显著的经济效益。以下是对于体育赛事经济效益的详细分析。

1. 带动相关产业的发展

体育赛事直接带动相关产业的发展，包括旅游业、酒店业、餐饮服务业和交通运输业等。大型体育赛事如奥运会、世界杯等，会吸引大量国内外游客，能够提升赛事举办地的国际知名度并增加当地经济收入。

2. 显著促进就业

赛事的筹备、组织和实施需要大量人力资源，从赛事管理、场馆建设到志愿者服务，各个环节均需要大量人员参与。这不仅直接创造了就业机会，还间接促进了相关培训和教育产业的发展。

3. 具有显著的广告和赞助价值

企业通过赞助体育赛事，不仅可以提升自身品牌的知名度和美誉度，还能直接带来经济收益。赞助商和广告商通过投放广告、举办推广活动等方式，能够获得极大的曝光率。

4.推动基础设施的建设和城市的发展

为了举办大型赛事，许多城市投入大量资金用于场馆建设、交通改善和城市美化，这些基础设施的改善既服务于赛事期间，也能在赛事结束后长期惠及当地居民。

（二）体育赛事的品牌价值

体育赛事的品牌价值在现代体育管理中占据举足轻重的地位。品牌价值不仅直接影响体育赛事的市场吸引力和经济收益，还对赛事的长期发展和社会影响力有着深远的影响。体育赛事品牌价值的构建和提升需要多方面的努力，包括赛事的独特性、观众体验、媒体传播以及赞助商的合作等。

体育赛事的独特性是品牌价值的重要组成部分。每一项体育赛事都应当具备其独特的特质和文化内涵，这不仅能够吸引特定的受众群体，还能使体育赛事在竞争激烈的市场中脱颖而出。例如，NBA 篮球联赛通过其高水平的竞技表演和独特的赛事文化，成功地在全球范围内建立了强大的品牌价值。独特性不仅局限于赛事本身，还包括赛事背后的历史、传统和精神，这些因素共同构成了赛事的独特品牌形象。

观众体验是提升体育赛事品牌价值的关键因素。优质的观众体验不仅包括赛事本身的精彩程度，还涉及观众在观赛过程中的整体感受。赛事组织者应当注重场馆设施的完善、服务质量的提升以及互动活动的设计，以确保观众在观看赛事时能够获得愉悦的体验。例如，现代体育场馆不仅配备了先进的视听设备，还提供了多样化的餐饮和购物选择。良好的观众体验可以促进品牌忠诚度的提升，使观众成为赛事品牌的忠实拥护者。

媒体传播在体育赛事品牌价值构建中起到了至关重要的作用。通过多渠道、多平台的媒体传播，可以将赛事品牌形象广泛地传达给潜在观众和赞助商。尤其是在数字媒体迅速发展的今天，社交媒体、直播平台等新兴媒体形式为体育赛事的品牌推广提供了更多的可能性。有效的媒体传播策略能够增强赛事的曝光度和影响力，从而提升其品牌价值。例如，通过与知名媒体平台进行合作，赛事可以获得更多的报道机会，吸引更多的观众关注。

赞助商的合作是体育赛事品牌价值的重要推动力。与知名企业和品牌的合作不仅能够为赛事提供资金支持，还能通过联合品牌推广的方式来提升赛事的知名度和美誉度。赞助商的选择应当与赛事的定位和目标受众相匹配，以确保合作的有效性和促进品牌价值的共同提升。例如，一项面向年轻受众的赛事可以选择与时尚品牌或科技公司合作，从而更好地吸引目标群体的关注。

四、体育赛事的主要角色

（一）主办方

体育赛事的成功与否在很大程度上取决于主办方的专业管理和精细策划。从赛事的初期规划到最终的总结评估，主办方在每一个环节中都扮演着不可或缺的角色。

主办方在赛事策划阶段承担着确立赛事目标、规模、类型和时间安排的重任。他们需要制订详尽的规划方案，其中包括场地选择、参赛队伍和裁判的邀请、赛事规则的确定以及后勤保障的安排。每一个细节都需要综合考虑，以确保赛事的顺利进行和预期效果的实现。

在赛事组织和执行过程中，主办方负责协调各方资源，确保赛事的各个环节都能够紧密衔接，顺畅运行。他们需与场地管理方、赞助商、媒体、志愿者等各方密切合作，确保赛事的安全性、观赏性和公平性。此阶段的关键任务还包括票务管理、选手接待、场地布置、安全保障和突发事件应对等。每一个环节的协调都直接关系赛事的整体效果和观众的体验。

赛事结束后，主办方需要进行全面的赛事评估，总结经验教训，为未来举办的赛事提供改进依据。评估内容涵盖赛事运营、观众反馈、经济效益、媒体报道和社会影响等方面。通过系统的评估，主办方可以优化赛事管理流程，提升赛事质量和影响力。评估结果不仅能够为未来赛事提供宝贵的参考，还能帮助主办方提高自身的管理水平。

主办方在赛事品牌建设和市场推广中也起到了至关重要的作用。他们通过策划和实施各种营销活动，来提升赛事的知名度和美誉度，从而吸引观众和赞助商，并增强赛事的商业价值和社会影响力。成功的赛事品牌不仅有助于赛事的长期发展，还能带动相关产业的繁荣。品牌建设不只是一个短期的任务，更是一项长期的战略，需要持续的投入和精心的维护。

(二)参赛者

参赛者是体育赛事的核心组成部分,他们的参与和表现直接决定了赛事的质量和观赏性。对于体育赛事管理者来说,对参赛者的管理不仅涉及赛前的训练和准备,还包括赛事期间的组织和赛后的反馈。要通过科学、系统的管理,来确保参赛者在最佳状态下参赛,从而提升赛事的品牌形象和观众的满意度。

报名和资格审查是参赛者管理的初始环节。赛事组织者需要确保报名流程的透明和公正,避免因报名混乱而带来的负面影响。参赛者的资格审查需要严格按照赛事规则进行,以确保所有参赛者都能够符合参赛条件。这不仅能保证比赛的公平性,还能提升赛事的专业度和权威性。通过严格的审查,赛事组织者可以确保参赛者的水平和素质,从而为赛事的顺利进行奠定基础。

训练和备赛是参赛者管理中的关键环节。赛事组织者应为参赛者提供完善的训练设施和充足资源,帮助他们在比赛前达到最佳状态,包括高质量的训练场地、先进的训练设备和专业的教练团队。同时,科学的训练计划和合理的饮食安排也至关重要。通过全面的准备工作,参赛者能够在比赛中发挥出最佳水平,为赛事增添更多的精彩看点。

赛事期间的后勤保障是确保参赛者能够专注于比赛的重要部分。赛事组织者需要精心策划和组织食宿安排、医疗保障和心理辅导等方面的工作。例如,为参赛者提供舒适的住宿环境和营养均衡的膳食,确保他们有良好的休息和恢复。此外,赛事期间的医疗保障和心理辅导也不可忽视,要以此来应对可能出现的突发情况和心理压力,确保参赛者的身心健康。

(三)观众

体育赛事离不开观众的支持与参与。他们不仅是赛事的观看者和支持者,更是赛事文化传播和经济效益的重要来源。观众的参与能够增强赛事的氛围,提升比赛的紧张与刺激感,从而激发运动员的最佳表现。观众的数量和热情往往会直接影响赛事的整体质量和成功程度。观众的反馈和参与度也为赛事的改进和创新提供了宝贵的参考信息。

观众在体育赛事中的角色不仅局限于现场观看,他们还通过电视、互联网和社交媒体等多种渠道参与赛事。现代科技的发展使得观众能够更加便捷地获取赛事信息,并通过多种平台来表达自己的观点和情感。赛后,观众的讨论和评价往往会成为赛事影响力的延续，进一步推动赛事品牌的传播和影响力的扩大。

观众的消费行为是体育赛事经济效益的重要组成部分。门票收入、赛事纪念品销售、饮食消费以及相关旅游业的发展都依赖于观众的消费力。赛事主办方通过精心策划和组织，吸引更多观众参与，不仅提升了赛事的经济效益，还促进了当地经济的繁荣发展。

观众的体验和满意度是体育赛事管理的重要考量因素。赛事组织者需要关注观众的需求和期望，从赛事场地的设施、服务的质量，到观赛的便利性和舒适度，都需要进行全面的规划和管理。优质的观众体验不仅能增加观众的回头率，还能通过口碑效应来吸引更多的新观众，从而形成良性循环，进一步提升赛事的品牌价值和市场竞争力。

（四）赞助商

体育赛事中的赞助商扮演着至关重要的角色，他们不仅是赛事资金的重要来源，也是赛事品牌和商业价值的体现。作为体育赛事的资助者，赞助商提供的资金和资源能够显著地提升赛事的质量和规模，确保赛事能够顺利进行。赞助商和赛事组织者之间的合作关系通常通过商业合同的形式来确定，明确双方的权利和义务，从而保障双方的利益。

赞助商选择体育赛事时，通常基于其品牌战略和市场营销需求。他们希望通过赞助体育赛事来提升品牌知名度，增强品牌形象，并吸引目标消费者群体。体育赛事，特别是大型国际赛事，因其广泛的传播覆盖面和高关注度，成为赞助商进行品牌推广和市场渗透的理想平台。通过与赛事的深度合作，赞助商可以借助赛事的影响力来进行品牌曝光和市场推广活动，最终达到提高市场份额的目的。

赞助商的类型多种多样，既有大型跨国企业，也有本地中小企业。不同类型的赞助商在体育赛事中扮演的角色和承担的责任各不相同。大型跨国企业往往提供主要的资金赞助，提供高额的资金支持和广泛的资源共享，而本地企业则可能更注重通过赛事赞助来增强其在本地市场的影响力和品牌认知度。无论是哪种类型的赞助商，他们的最终目标都是通过赛事赞助来实现商业利益的最大化。

体育赛事管理者在与赞助商合作时，需要具备出色的商业谈判能力和市场洞察力，要能够理解赞助商的需求，制订合理的合作方案，以达到双赢的效果。管理者还需持续关注市场动态，及时调整赞助策略，保持与赞助商的长期合作关系。

此外，赛事管理者应重视赞助商的权益保障，确保其在赛事中的品牌曝光和市场推广活动能够顺利进行，从而增加赞助商的满意度和忠诚度。

第二节　体育赛事策划与组织

一、体育赛事的策划与创意

（一）策划的基本原则

策划体育赛事是体育管理的重要组成部分，其成功与否会直接影响赛事的品牌影响力、社会效益和经济效益。为了确保体育赛事的成功举办和长远发展，策划者需要遵循一系列基本原则。

1.明确目标原则

策划者需要确定赛事的核心目标，这些目标可能包括提高品牌影响力、促进地方经济发展或推动全民健身等。无论目标是什么，都必须具体明确，且具有可衡量性和可实现性。具体明确的目标能够帮助策划者制订详细的执行方案，并在赛事结束后进行有效评估，了解赛事是否达到了预期效果。

2.市场导向原则

策划者必须深入了解目标市场和受众需求，这通常通过市场调研和数据分析来实现。掌握受众的兴趣点和消费习惯可以帮助策划者设计出更契合市场需求的赛事内容。这样的市场导向策略不仅有助于吸引更多观众和参与者，还能为赛事的商业开发和品牌推广提供有力支持。通过与市场需求的紧密结合，赛事更容易获得成功。

3.创新与创意原则

随着社会的发展和观众口味的变化，传统的赛事形式已经难以满足现代观众的需求。策划者需要在赛事形式、内容和体验上不断进行创新。例如，可以引入高科技手段，如虚拟现实技术，增加互动环节，或结合文化元素等。这些创新不仅提升了赛事的吸引力和参与度，还能为观众带来全新的体验，增强他们的赛事忠诚度。

4. 安全与风险管理原则

策划者需要对赛事可能面临的各种风险进行全面评估和预判，并制订详细的安全预案和应急方案，包括场地安全、参赛人员安全、观众安全以及突发事件的处理等方面。通过严格的安全管理，可以保障赛事的顺利进行，确保所有参与者的安全，减少因意外事件而给赛事带来的负面影响。

（二）创意的来源与应用

体育赛事的成功往往取决于创意的独特性与应用的合理性。创意的来源可以涉及多个方面，包括比赛形式、场地选择、观众互动方式以及赛事宣传手段。

比赛形式的创新是提升赛事吸引力的重要手段。通过模仿其他成功赛事，并结合自身特点进行改进，可以创造出更具趣味性和参与感的赛事。例如，传统的马拉松比赛可以加入团队接力赛形式，这不仅能增加团队合作的乐趣，还能吸引更多不同层次的跑者参与，从而为赛事注入新的活力和吸引力。

场地选择是赛事创意的另一个关键点。选择具有历史文化背景的场地，如古城墙或名胜景点，不仅能为赛事增加文化内涵，还能提升赛事的独特性和吸引力。这样的创意选择能够让参赛者在运动的同时感受到历史文化的熏陶，增加赛事的整体魅力和观赏性。

创意的应用不仅需要在构思阶段进行，还需要在实际操作中有效执行。赛事的策划团队需要具备创新能力和执行力，将创意具体化和可操作化。例如，赛事宣传可以利用新媒体平台来进行多样化传播，通过社交媒体、短视频平台等渠道来吸引更多年轻观众。与知名品牌合作进行联合推广，也能有效地扩大赛事的影响力和知名度。

创意的实施需考虑实际可行性和观众接受度。在提出创意前必须经过市场调研和分析，确保能够在目标观众中产生共鸣并获得积极反馈。通过问卷调查、焦点小组讨论等方式，收集观众意见和建议，不断调整和优化创意方案。在赛事运营过程中需时刻关注观众反馈，及时调整赛事安排，确保创意能充分发挥和落实。

二、体育赛事的需求分析

（一）市场需求分析

市场需求分析是体育赛事策划与组织中至关重要的环节，它直接影响赛事的成功与否。全面的市场环境调研是这一过程中不可或缺的一部分。通过了解目标受众的特点、消费习惯以及对各种体育项目的兴趣度，赛事组织者可以获取大量有价值的信息。问卷调查、焦点小组访谈和数据分析等方法能够提供科学依据，帮助确定赛事的定位和宣传策略。此外，关注竞争对手的情况，了解同类赛事的运作模式、市场反响以及存在的不足，有助于在市场中找到差异化的竞争优势。

重视宏观经济环境的变化是市场需求分析的关键。经济增长率、居民收入水平和消费能力等宏观因素对体育消费有着直接影响。这些因素不仅决定了赛事的受众基础，还影响了票价设定、赞助商选择和广告投放策略等具体运营环节。例如，在经济繁荣时期，居民的娱乐消费意愿较强，体育赛事的市场前景较为乐观。而在经济低迷时期，赛事组织者需要调整赛事规模和成本控制策略，以适应市场需求的变化。

技术手段的进步为市场需求分析提供了新的工具和方法。大数据分析、人工智能和社交媒体监测等技术手段，可以帮助赛事组织者更精准地捕捉市场动态和受众行为，从而使他们制定出更具针对性的营销策略。例如，通过社交媒体平台的数据分析，可以了解受众对某一赛事的讨论热度、情感倾向以及关注点，从而在赛事推广中突出这些热点，吸引更多观众的参与。

（二）观众需求分析

观众需求分析是体育赛事管理中的关键环节之一，它直接关系赛事的成功与否。体育赛事的吸引力不仅在于比赛本身，还在于它能够提供一个综合性的观赛体验。了解观众的基本需求至关重要，包括观赛体验、赛事内容和附加服务等方面。观赛体验涉及场地设施、座位舒适度、视线效果和音响效果等，这些因素会直接影响观众的满意度。赛事内容则包括比赛的激烈程度、参赛选手的知名度和比赛的公正性等，观众对高水平和公平竞赛的期待度较高。附加服务如餐饮、购物、娱乐设施等，也决定了观众的整体体验。

观众需求分析还需考虑不同类型观众的特定需求。体育赛事的观众群体多样化，包括忠实球迷、家庭观众、休闲观众和社交观众等。忠实球迷对赛事本身的关注度最高，期望获得深度的赛事信息和互动体验；家庭观众则更加关注赛事的安全性和适合家庭成员的娱乐项目；休闲观众希望在观赛过程中获得放松和愉快的体验；社交观众则希望通过赛事活动进行社交互动。这些不同类型观众的需求决定了赛事策划和组织的方向和重点。

通过市场调研和数据分析工具，可以深入地挖掘观众需求。现代科技的发展为观众需求分析提供了丰富的手段，如在线调查、社交媒体分析、大数据挖掘等。通过这些手段，可以更精准地了解观众的喜好、行为模式和消费习惯，从而为赛事策划提供科学依据。数据分析不仅能够帮助预测观众的需求变化，还可以为赛事营销和推广提供有力支持。

（三）赞助商需求分析

赞助商需求分析是在体育赛事管理中的关键环节之一，关系赛事能否获得足够的资金支持和市场推广资源。通过深入了解赞助商的需求，赛事组织者可以提供更加定制化和有效的合作方案，从而实现双赢的局面。

赞助商在选择赞助体育赛事时，品牌曝光和市场营销是其首要考虑的因素。通过赞助体育赛事，赞助商能够在目标受众中提升品牌知名度和美誉度。赛事组织者需要深入了解赞助商的市场定位、品牌战略和目标消费者群体，从而制订有针对性的合作方案。这种合作方案不仅能够满足赞助商的品牌推广需求，还能在赛事过程中创造更多的品牌互动机会，增强观众对品牌的认知和好感。

对于赞助商来说，投资回报率是他们另一个极为关注的方面。赞助商希望通过赞助活动来获得直接的销售提升和品牌认知度的提高。赛事组织者需要为赞助商提供详细的数据分析和市场反馈报告，以帮助其评估赞助效果。通过精准的数据分析和市场调研，赛事组织者可以为赞助商提供有效的营销策略建议，帮助其理解投资回报。这不仅能增强双方的合作信任和满意度，还能为未来的合作打下坚实的基础。

赛事的影响力和观众覆盖面也是赞助商在选择赛事时的重要考量因素。大型和有知名度的体育赛事通常更容易吸引赞助商的青睐，因为它们能够带来更大的观众群体和更广泛的媒体曝光。赛事组织者需要通过有效的市场推广和媒体合作，来提升赛事的知名度和影响力，从而吸引更多的观众和媒体关注。这不仅能满足赞助商对广泛曝光的需求，还能提升赛事的商业价值和市场竞争力。

品牌契合度也是赞助商在选择赛事时的重要考虑之一。赞助商希望其品牌形象与赛事的形象和价值观相符，以实现品牌的正面传播和形象提升。赛事组织者需要深入了解赞助商的品牌理念和市场定位，确保赛事的形象与赞助商的品牌形象能够相契合。通过建立紧密的合作关系和共同的品牌推广计划，赛事组织者和赞助商可以共同推动赛事的发展和品牌的提升，从而实现双赢。

三、体育赛事的组织结构与人员配置

(一)组织结构设计

在体育赛事管理中,组织结构设计是确保赛事能够顺利进行的关键环节。科学合理的组织结构可以有效地分配资源、明确职责、提高工作效率,从而保障赛事的成功举办。组织结构设计通常包括核心团队的组建、部门划分和明确各岗位的职责,这些都是为了实现赛事的高效管理和运营。

1.核心团队的组建

核心团队通常由赛事总监、赛事运营经理、市场推广经理、财务经理、后勤保障经理等几大关键岗位组成。这些关键岗位人员需要具备丰富的赛事管理经验和专业知识,以确保各项工作的有序开展。核心团队的职责是制订赛事总体方案、协调各部门工作、解决突发问题,并对赛事的整体质量负责。赛事总监负责总体规划和决策,赛事运营经理关注具体执行,市场推广经理负责宣传和赞助,财务经理掌控预算和财务健康,后勤保障经理确保物资和场地准备妥当。

2.部门划分

根据赛事的规模和性质,可以设立多个职能部门,如赛事运营部、市场推广部、媒体宣传部、志愿者管理部、安全保障部等。赛事运营部主要负责比赛场地和设备的管理,确保比赛流程能够顺利进行。市场推广部的任务是赛事的品牌推广和赞助商的洽谈,通过多种渠道来提升赛事的知名度和吸引力。媒体宣传部则负责赛事的宣传报道,管理媒体关系,确保赛事信息能够及时、准确地传达给观众和公众。志愿者管理部承担志愿者的招募和培训工作,确保志愿者队伍的稳定和高效。安全保障部则负责赛事期间的安全管理和应急处理,保障参赛者和观众的安全。

3.明确各岗位的职责

只有各岗位职责明确、分工合理,才能确保各项工作有条不紊地进行。在岗位职责的设定中,需要考虑到赛事的具体需求和人员的专业特长。例如,赛事运营经理需要对比赛规则和流程有深入的了解,确保赛事能够按计划进行。市场推广经理需要具备较强的市场敏感度和营销策划能力，通过有效的市场活动来吸引观众和赞助商。媒体宣传经理需要具备丰富的媒体资源和公关能力，确保赛事在各大媒体平台上获得广泛关注。志愿者管理部则需要制订科学的招募和培训计划，确保志愿者队伍的高效运作。安全保障部的职责则是制定和执行安全预案，及时处理突发事件，保障赛事的安全进行。

(二)人员配置与职责分工

在体育赛事的成功举办过程中，合理的人员配置与明确的职责分工至关重要。赛事组织者需要根据赛事的规模、类型和具体需求来确定所需的岗位和人员数量。典型的体育赛事组织结构通常包括赛事总监、赛事经理、技术官员、志愿者协调员、市场推广负责人、安全保障负责人以及医疗保障团队等。每个岗位的职责都应当清晰明了，确保各项工作都能够有序进行，避免因职责不明而导致的混乱和效率低下。

赛事总监是整个赛事的最高指挥官，负责总体规划和决策，协调各部门的工作，确保赛事的顺利进行。赛事总监需要全面了解赛事的各个环节，制订整体工作计划，分配资源，解决突发问题，并在赛事结束后进行总结和反馈。其主要职责是确保赛事的整体方向和目标一致，保证赛事能够按照预期顺利进行。

赛事经理在总监的领导下，具体负责赛事的日常运营和管理，包括赛场的布置、设备的准备以及赛事进程的监督。赛事经理需要与各部门紧密合作，协调各项具体工作，确保每个环节都能按时、按质完成。赛事经理的工作内容还包括制定详细的赛事日程、处理临时问题和保障赛事期间的高效沟通。

技术官员负责比赛规则的执行和技术问题的处理，确保比赛的公平、公正和顺利进行。他们需要熟悉赛事的规则和技术要求，监督比赛过程，处理争议和投诉，确保比赛能够按照规定进行。技术官员还需与裁判和其他技术人员保持良好沟通，确保技术层面的工作能够顺利进行。

志愿者协调员负责志愿者的招募、培训和管理，确保志愿者能够有效地支持赛事的各项工作。志愿者协调员需要制订志愿者的工作计划，分配志愿者的工作任务，组织培训，确保志愿者熟悉自己的职责和工作流程。志愿者协调员还需在赛事期间解决志愿者遇到的问题，保持志愿者队伍的稳定和高效运转。

市场推广负责人肩负着赛事品牌推广、赞助商洽谈和媒体合作等重要任务。市场推广负责人需要制定市场推广策略，组织宣传活动，维护与媒体和赞助商的关系，以提高赛事的知名度和吸引力。他们还需策划和执行各种市场推广活动，确保赛事的信息广泛传播，吸引更多的观众和参与者。

安全保障负责人制订并实施安全保障方案，确保赛场内外的安全，包括观众、选手和工作人员的安全。安全保障负责人需要评估赛事的安全风险，制订详细的安全计划，与相关安全部门合作，确保赛事期间的安全措施到位。他们还需在赛事期间监督安全措施的落实，及时处理安全事故，保障赛事的安全进行。

医疗保障团队由专业的医疗人员组成，负责提供现场医疗服务，处理赛事期间可能会发生的各种伤病情况。医疗保障团队需要制订医疗应急预案，要配备必要的医疗设备和药品，确保能够快速应对各种医疗紧急情况。他们还需在赛事期间提供医疗支持，保障选手和观众的健康和安全。

四、体育赛事的宣传与推广策略

（一）宣传渠道选择

体育赛事的宣传与推广策略在赛事的成功与否中扮演关键角色，选择适当的宣传渠道是其中的核心环节。现代体育赛事的宣传渠道多样化，涵盖了传统媒体与新媒体两大类。合理选择和有效利用这些渠道，不仅可以提升赛事的知名度，还能实现经济效益的最大化。

传统媒体包括电视、广播、报纸和杂志等，这些渠道拥有着广泛的覆盖面和相对稳定的受众群体，能够在短时间内迅速提升赛事的知名度。特别是电视直播，不仅能吸引大量观众，还能通过广告收入来实现经济效益的最大化。广播和报纸则可以通过专题报道和赛事评论来增强赛事的深度和权威性，而杂志则能够提供更为详细和图文并茂的赛事信息。

新媒体渠道以互联网为基础，包括社交媒体、视频网站、新闻门户网站和移动应用程序等。这些渠道的互动性和实时性使其成为年轻观众的主要获取信息方式，能够更有效地建立赛事与观众之间的联系。例如，通过社交媒体平台来发布赛事动态、互动活动和幕后花絮，可以激发观众的参与热情，增加赛事的曝光度和用户黏性。此外，利用视频网站进行赛事直播和回放，不仅拓宽了传播渠道，还为观众提供了更灵活的观看方式，使他们能够随时随地享受赛事的精彩瞬间。

在选择宣传渠道时，需要综合考虑赛事的目标观众群体特点和赛事本身的性质。国际性大型赛事通常需要兼顾国内外观众的需求，因此需要在全球范围内选择具有影响力的媒体进行宣传。例如，国际知名的体育频道和大型视频网站可以覆盖全球各地的观众。而地方性赛事则可以更多地依赖本地媒体和社交平台，以贴近当地观众的需求，利用地方电视台、报纸和本地社交媒体进行宣传，强化赛事的地域特色，增强观众的归属感和参与度。

（二）推广策略实施

体育赛事的推广策略是确保赛事成功的关键因素之一。通过综合运用多种推广手段和渠道，可以最大限度地提升赛事的知名度和影响力，吸引更多的观众和参与者。以下是详细的推广策略实施建议：

体育赛事推广计划的制订是首要任务。详细的计划应明确推广的目标受众、推广内容、时间节点和资源分配等。目标受众可以根据赛事类型、地理位置和观众兴趣来进行细分。推广内容则应包括赛事亮点、参赛选手、历史数据等吸引人的信息。时间节点需要合理安排，以确保各推广阶段能够有序进行。在资源分配方面，应平衡不同渠道的预算，确保资源的高效利用。

媒体传播在体育赛事推广中扮演着重要角色。传统媒体如电视、广播和报纸具有广泛的受众基础，可以通过新闻报道、专题节目和广告投放来扩大赛事的影响力。新媒体如社交网络、视频网站和移动应用则因其互动性和快速传播的特点，能吸引大量年轻观众。通过短视频、直播、互动话题等形式，新媒体平台可以实现广泛覆盖和高效传播，提升赛事的曝光度。

品牌和企业合作是赛事推广的重要策略。通过与知名品牌和大型企业的合作，赛事可以获得更多的推广资源。赞助商和合作伙伴不仅能够提供资金支持，还能通过品牌效应来提升赛事的知名度。例如，与知名体育品牌合作推出赛事周边产品，或与大型企业开展联合促销活动，都能增强赛事的吸引力和影响力。这种合作还能够通过交叉营销，吸引更多潜在观众和参与者。

观众互动和体验是提升赛事影响力的关键。通过组织线下活动、粉丝见面会、互动抽奖等形式，可以增强观众的参与感和忠诚度。赛事期间的现场体验也是推广的重要组成部分。高质量的现场服务和丰富多样的现场活动能够提升观众的满意度，从而通过口碑传播来进一步扩大赛事的影响力。例如，设置互动游戏区、提供优质餐饮服务等，都能提升观众的整体体验。

第三节　体育赛事运营管理

一、体育赛事市场分析

(一)市场环境分析

体育赛事市场环境分析是体育赛事运营管理中的核心环节。市场环境分为宏观环境和微观环境两个层面。宏观环境包括政治、经济、社会、技术、环境和法律等因素,这些因素共同影响着体育赛事的整体市场运作。例如,政府的体育政策和法规会直接影响赛事的审批和规范化运营,经济的繁荣与否会影响赛事的赞助与观众消费能力。此外,社会文化的变迁和技术的进步也会对体育赛事的形式和传播产生深远影响。微观环境则包括赛事的直接竞争对手、供应商、赞助商和消费者等要素。了解赛事市场中各竞争对手的优势与劣势,分析供应链的稳定性以及赞助商的合作意愿,能够为赛事运营提供科学的决策依据。

PEST 分析模型是市场环境分析的一个重要工具。PEST 分析通过对政治(Political)、经济(Economic)、社会(Social)、技术(Technological)四个方面的因素进行系统分析,来帮助赛事管理者全面了解宏观环境的动态变化。例如,政府对体育产业的支持政策和税收优惠措施,经济环境中的消费者收入水平和消费习惯,社会环境中的人口结构和文化价值观,技术环境中的新媒体和互联网技术,这些都是 PEST 分析需要考量的要素。通过 PEST 分析,赛事管理者能够预见市场变化,并制定相应的策略以应对外部环境的挑战。

在微观环境层面,波特五力模型是一个有效的分析工具。波特五力模型包括供应商的议价能力、买方的议价能力、潜在进入者的威胁、替代品的威胁以及现有竞争者的竞争强度。通过波特五力模型分析,赛事管理者可以识别市场中的关键力量,评估市场进入的难易程度,了解竞争对手的战略和市场定位。例如,供应商的议价能力较强,可能会导致赛事运营成本增加;买方的议价能力较强,可能需要赛事组织者提供更多的附加服务;潜在进入者和替代品的威胁则要求赛事管理者不断创新和优化赛事内容,以保持自身的市场竞争力。

(二)市场竞争分析

体育赛事市场的竞争分析是赛事管理中的重要环节,它不仅关系赛事的成功与否,更影响整体体育产业的健康发展。市场竞争分析主要包括竞争对手的识别与分析、竞争态势的评估以及市场定位策略的制定。

在市场竞争分析中,识别和分析竞争对手是基础。体育赛事市场中的竞争对手可以是同类型的赛事,也可以是其他类型的体育活动或娱乐项目。通过对竞争对手的深入研究,了解其市场份额、品牌影响力、运营策略和目标受众,有助于赛事组织者制定更加有效的竞争策略。关注竞争对手的优势和劣势,可以在市场竞争中找到突破口。例如,分析竞争对手的营销手段和观众反馈,能够洞察其运营中的不足,并借此来优化自身的赛事管理。

对竞争态势的评估是市场竞争分析的重要内容。竞争态势涉及市场集中度、行业进入壁垒、替代品威胁以及供应商和消费者的议价能力等方面。评估这些因素能够判断市场的竞争激烈程度,并预测未来的发展趋势。市场集中度高的行业通常竞争较为激烈,而进入壁垒低的市场则可能会面临更多新的竞争者。赛事组织者需要根据竞争态势的评估结果,制定相应的应对策略,确保赛事能够在竞争中处于有利地位。例如,通过增强赛事的品牌影响力和提升服务质量,可以加固市场进入壁垒,减少潜在竞争者的威胁。

市场定位策略的制定是市场竞争分析的最终目标。在了解竞争对手和竞争态势的基础上,赛事组织者应明确自身的市场定位,找准目标受众,并制定差异化的市场策略。通过打造独特的赛事品牌,提升赛事的核心竞争力,以吸引更多的观众和赞助商。例如,可以通过创新的赛事内容和互动体验,增强观众的参与感和忠诚度。此外,还需关注市场需求的变化,及时调整赛事的运营策略,以适应市场的动态变化。例如,根据观众的反馈和市场趋势,适时推出新的赛事项目或改进现有赛事模式,保持赛事的吸引力和竞争力。

二、体育赛事品牌建设

(一)品牌定位

品牌定位是体育赛事品牌建设的核心环节,它决定了赛事在市场中的独特形象和竞争优势。品牌定位不仅要明确赛事的核心价值,还要考虑目标受众的需求和市场环境。一个成功的品牌定位应能清晰传达赛事的独特卖点,使其在众多赛事中脱颖而出。

1. 明确赛事的核心价值

这包括赛事的历史、文化内涵、竞技水平和赛事精神等方面。通过深入挖掘和提炼这些核心价值，可以形成一个具有鲜明特色和独特吸引力的品牌形象。例如，马拉松赛事的品牌定位可以围绕“健康”“坚持”“挑战极限”等核心价值展开，从而吸引注重健康和自我挑战的群体。

2. 了解目标受众的需求和偏好

不同的体育赛事面对的受众群体不同，他们的兴趣点、消费习惯和价值观也各不相同。通过市场调研和数据分析来了解目标受众的行为特征和需求，可以制定更加精准的品牌定位策略。例如，针对年轻人群的极限运动赛事，其品牌定位可以突出“冒险”“青春活力”“个性化”的特点，以吸引年轻受众的关注和参与。

3. 市场环境的变化

体育赛事的品牌定位不仅要适应当前市场的需求，还要具有一定的前瞻性，以应对未来市场的变化和挑战。在确定品牌定位时，可以借鉴其他成功赛事的经验，结合自身的优势和市场趋势，制定具有竞争力和能够可持续发展的品牌定位策略。

（二）品牌推广

体育赛事品牌推广是品牌建设的重要环节，对提升赛事知名度和参与度具有关键作用。通过一系列精心策划的推广活动，可以吸引更广泛的观众和赞助商，从而推动赛事的成功和持续发展。

品牌推广的首要目标是增加赛事的曝光度，使目标受众对赛事产生兴趣和认同。借助传统媒体和新媒体的综合运用，赛事组织方可以广泛传播赛事信息。传统媒体如电视、广播和报纸，覆盖面广泛，能够有效地提高赛事的知名度。新媒体则通过互联网和社交平台，以其互动性和即时性特点，特别吸引年青一代的观众。这种多渠道的传播策略，可以确保赛事信息能够触达不同年龄层和兴趣群体，最大限度地扩大赛事的影响力。

品牌推广不仅是信息的传播，还包括品牌形象的塑造和维护。赛事品牌形象的塑造需要一个统一、清晰的品牌定位和视觉识别系统，如标志、口号和色彩等。这些元素应在所有推广活动中保持一致，以建立统一的品牌认知。品牌形象的维护则需要赛事组织方持续关注公众和媒体的反馈，及时应对和处理负面信息，确保品牌的正面形象。通过不断维护和优化品牌形象，可以增强观众的信任度和忠诚度，从而提高赛事的长期吸引力。

有效的品牌推广策略还需要整合营销传播手段，形成合力。整合营销传播强调各种传播手段的协调和一致性，包括广告、公关、活动营销和数字营销等。在体育赛事品牌推广中，广告和公关活动可以提高赛事的知名度和美誉度，活动营销如球迷见面会和签名会等能增强观众的参与感和忠诚度，而数字营销则可以通过社交媒体和移动应用，来实现精准营销和互动传播。这种多渠道、多手段的整合营销策略，可以最大限度地提升品牌推广的效果。

三、体育赛事营销策略

（一）营销目标设定

体育赛事的营销目标设定是赛事成功运营的关键环节之一。明确营销目标有助于制定科学合理的市场推广策略，确保资源的高效配置。体育赛事的营销目标通常包括提高赛事知名度、增加观众人数、提升赞助商的品牌曝光度以及实现经济效益的最大化。这些目标需要根据赛事的性质和规模来进行具体化和细分，以便更好地指导后续的营销活动。

营销目标设定需要充分地考虑目标受众的需求和偏好。不同类型的体育赛事吸引的观众群体有所不同，因此，赛事组织者需要通过市场调研和数据分析来了解目标受众的兴趣点、消费习惯和媒体接触方式。要基于这些信息来制定个性化的营销策略，以提高观众的参与度和满意度。例如，对于年轻观众，可以更多利用社交媒体平台进行互动和推广；对于家庭观众，可以设计更多的亲子活动和家庭套餐。

营销目标设定还应包括对赛事品牌的长远发展规划。成功的体育赛事不仅需要短期的商业成功，还需要建立长期的品牌价值和忠实的观众群体。因此，营销目标应该包括品牌形象的塑造和维护，通过持续的品牌建设和口碑传播来增强赛事的市场竞争力和影响力。这需要赛事组织者在每一届赛事中都保持高标准的组织和服务质量，从而树立良好的品牌声誉。

营销目标的设定需要具备可衡量性和可操作性。为此，赛事组织者应制定具体的 KPI（关键绩效指标），如观众人数、媒体曝光量、社交媒体互动率、赞助收入等，通过定期的数据监控和评估，及时调整和优化营销策略，确保营销目标的有效实现。科学合理的营销目标设定不仅能够提升赛事的市场表现，还能为未来的赛事运营提供宝贵的经验和参考。

（二）营销工具应用

体育赛事的成功运营在很大程度上依赖于有效的营销工具应用。营销工具不仅能够提升赛事的知名度和吸引力，还能增加观众参与度和企业赞助的兴趣。常见的营销工具包括广告、公共关系、促销活动、数字营销和社交媒体。接下来，我们将详细探讨这些营销工具的作用和应用。

广告作为传统且广泛使用的营销手段，通过电视、广播、报纸和户外广告等方式，能够迅速地提升赛事的曝光率。电视广告可以覆盖广泛的观众群体，快速传达赛事信息；广播广告则可以通过声音的感染力吸引听众的注意力，报纸广告可以通过图文并茂的形式详细介绍赛事内容；户外广告则能利用地理优势吸引路人的眼球。然而，广告的投入成本较高，需要赛事管理方慎重地考虑投入产出比，确保广告投放能够带来实际的收益。

公共关系活动是赛事营销中的重要组成部分。通过新闻发布会、媒体见面会、赞助商答谢会等活动，可以建立和维护赛事的良好形象，提升品牌价值。新闻发布会可以集中传递关键信息，提高媒体关注度；媒体见面会则能加强赛事与媒体的互动，促进深度报道；赞助商答谢会不仅可以表达感谢，还能巩固合作关系，吸引更多的潜在赞助商。与媒体保持良好的合作关系，及时发布赛事相关新闻和信息，有助于吸引更多的关注和报道，进一步扩大赛事的影响力。

促销活动是激发观众参与热情的有效手段。通过赠票、打折、抽奖等形式，可以增强观众的参与感和归属感，增加赛事的观众数量。赠票活动可以吸引新观众，打折活动则能刺激观众的购买欲望，抽奖活动可以增加观众的互动性和娱乐性。此外，促销活动还能够为赛事吸引更多的赞助商和合作伙伴，提升赛事的商业价值。对于大型赛事，促销活动的设计需要充分考虑观众的需求和兴趣，确保活动的吸引力和互动性。

数字营销和社交媒体在现代体育赛事营销中占据越来越重要的地位。通过官方网站、电子邮件、社交媒体平台等数字化渠道，可以实现对观众的精准营销和互动。官方网站可以提供全面的赛事信息，电子邮件可以进行个性化的营销推送，社交媒体平台则能实时发布赛事动态、直播赛事进展、与观众互动等，增强观众的参与感和忠诚度。此外，通过数据分析，赛事组织方能够了解观众的兴趣和行为，优化营销策略，提高营销效果。数字营销和社交媒体不仅成本相对较低，还能够快速地响应市场变化，是在体育赛事营销中不可或缺的工具。

四、体育赛事的观众服务与体验优化

（一）服务质量提升

体育赛事的成功离不开高质量的观众服务。提升服务质量不仅可以提高观众的满意度，还能增强赛事的品牌价值和观众的忠诚度。为了实现这一目标，赛事运营方需要从多个方面入手，优化服务流程，提升观众的体验感。

建立一套完善的服务质量管理体系是提升服务质量的基础。这套体系应涵盖观众从进场、观赛到离场的全过程服务，包括安全检查、座位引导、信息咨询、卫生设施、食品饮料供应等各个环节。通过标准化的服务流程和规范化的操作手册，确保每一位工作人员都能提供一致、高效的服务，从而提升整体观赛体验。

服务人员是直接面对观众的“窗口”，他们的服务态度和专业水平会直接影响观众的观赛体验。赛事运营方应定期组织对服务人员的培训，内容应包括服务礼仪、应急处理、沟通技巧等，以确保他们具备高水平的服务能力。此外，还应建立激励机制，鼓励服务人员提供优质服务，并通过绩效考核和反馈机制来持续提高服务质量。

现代科技的发展为体育赛事的服务质量提升提供了新的手段。赛事运营方可以通过移动应用程序提供赛事信息查询、座位导航、在线订餐等便捷服务，通过智能监控系统提高场馆的安全管理水平，通过大数据分析观众的反馈和需求，来不断优化服务内容和流程。科技手段不仅可以提高服务的效率和精准度，还能为观众提供更加个性化的服务体验。

观众是赛事服务的最终受益者，他们的意见和建议是改进服务质量的重要依据。赛事运营方可以通过问卷调查、在线评价、社交媒体互动等多种渠道来收集观众的反馈，并对反馈信息进行分析，找出在服务中存在的问题和不足。通过及时回应观众的意见和建议，采取相应的改进措施，确保服务质量的不断提升。

（二）观众体验优化措施

在现代体育赛事运营管理中，观众体验的优化至关重要，这不仅直接关系赛事的成功与否，还能为未来的活动奠定良好口碑。通过科学的观众需求分析来了解观众的偏好和期待,是提升观众体验的基本步骤。利用问卷调查、社交媒体反馈等方式,可以收集到大量有价值的信息和建议。这些数据有助于制订针对性的服务方案,从而满足观众对座位舒适度、场内外交通便利性、餐饮服务质量等方面的需求。通过分析这些反馈,赛事组织方可以进行相应的改进和提升,确保观众能够在体验过程中感到满意和舒适。

体育赛事的观众体验优化需要注重场馆内外的设施和环境管理。场馆内部应配备现代化的基础设施,如高清大屏幕、优质音响系统、舒适的座椅和清晰的导向标识等。这样的配置不仅能提高观赛的舒适度,还能增加赛事的视觉和听觉享受。场馆外部的设施同样重要,停车场的容量和布局、公共交通的衔接和便利性都是需要考虑的因素。此外,提供多样化的餐饮和休闲娱乐设施,可以满足观众的多元化需求,使他们在观赛之余也能享受到休闲时光。

在观众服务方面,高质量的客户服务体验是必不可少的。赛事组织方应培训和安排专业的服务人员,为观众提供友好、周到的服务。这些服务应包括售票、问询、引导和紧急情况处理等方面。借助现代信息技术,可以开发赛事 App 或微信公众号,向观众提供实时赛事信息、购票服务、场馆导航、互动活动等功能。这不仅能增强观众的参与感,还能提高他们的满意度,使他们在整个观赛过程中都能享受到贴心和便捷的服务。

赛事期间的应急管理和安全保障也是优化观众体验的重要方面。制定详细的应急预案是确保能够迅速响应和处理突发事件的关键。场馆内应设置明显的紧急出口标识和疏散通道,并配备足够的安保人员和医疗救援设备,以保障观众的安全。同时,赛事组织方应与当地公安、消防等部门保持密切联系,确保赛事期间的公共安全和秩序稳定。这样的安排不仅能提高观众的安全感,还能为赛事的顺利进行提供有力的保障。

第五章　体育资源管理

第一节　体育资源的类型与特点

一、体育资源的定义与分类

体育资源是指在体育活动、体育赛事、体育产业等领域中，可以被有效利用和开发，从而产生经济、社会和文化效益的各类资源。这些资源在体育管理中扮演着至关重要的角色，能够直接或间接地影响体育产业的发展和社会的体育文化建设。

体育资源的功能性主要涉及那些直接用于体育活动和赛事的资源，如体育场馆和设施。这些资源需要具备良好的功能性和便捷性，以满足各种体育活动的需求。可持续性体育资源则强调资源利用的长期性和环保性。例如，通过绿色设计和管理方式来提高体育场馆的能源效率、减少碳排放等，可以实现资源的可持续利用，促进体育产业的绿色发展。

物质资源是体育活动的硬件基础。体育场馆作为最显著的一部分，不仅包括大型综合体育场和体育馆，还涵盖室内外训练场地、游泳池等各类设施。设备器材则指运动项目所需的各种器具，如篮球、足球、跑步机、健身器械等。这些物质资源是体育活动得以正常开展的基本条件，会直接影响体育运动的质量和效果。此外，土地作为一项重要的物质资源，为体育设施的建设和拓展提供了基础。

人员资源是在体育管理中最为活跃的因素。教练员是体育活动的指导者，他们的知识、经验和技能会直接影响运动员的训练效果和比赛成绩。运动员作为体育活动的主体，他们的身体素质、技术水平和心理状态是体育竞争力的核心。此外，管理人员作为体育活动的组织者和协调者，他们的管理能力和水平对体育资源的配置和利用起着至关重要的作用。这些人员资源的共同作用能够使体育活动高效、有序地进行。

信息资源在现代体育管理中占据越来越重要的位置。赛事数据包括比赛过程中的各种统计数据，如得分、犯规、体能消耗等，这些数据可以帮助教练员和运动员分析比赛、改进训练。管理信息系统则是体育场馆、赛事组织等管理活动中的重要工具，它提高了管理效率、减少了人为失误。科研资料作为信息资源的重要组成部分，通过科学研究可以不断提高运动水平和管理水平，使得体育活动更加科学和高效。

制度资源是体育活动的保障。体育政策和法规由国家和地方政府制定，旨在促进体育事业的发展。这些法律、政策和规章制度规定了体育活动的基本原则和规范，为体育资源的合理配置和使用提供了法律依据和制度保障。规章制度则是各类体育组织和机构在具体管理活动中制定的操作规范和管理办法，它们细化了政策法规，确保了各项体育活动能够有序进行。这些制度资源共同作用，为体育产业的发展提供了坚实的制度支持。

二、体育资源的自然属性

（一）自然资源的特点

自然资源在体育管理中占据重要地位，其特点决定了体育资源的利用与发展方向。下面将详细探讨自然资源在体育管理中的不可再生性、地域性、季节性和生态性特点。

1. 不可再生性

许多自然资源如矿产和水资源，都是经过长期的自然过程才形成的，一旦消耗殆尽，则无法在短时间内恢复。在体育场地的选址和使用过程中，必须考虑资源的可持续利用，避免过度开发。过度开发不仅会耗尽资源，还可能会破坏自然生态环境，导致生物多样性减少和生态平衡被打破。因此，在体育资源管理中，合理规划和节约使用资源至关重要，应优先选择对环境影响较小的建设方案。

2. 地域性

不同地域的自然资源禀赋决定了体育资源的分布和利用模式。山区适合开展登山、滑雪等户外运动，而沿海地区则适合开展帆船、冲浪等水上运动。这种地域性决定了体育资源管理过程中必须因地制宜，充分利用当地特有的自然资源优势。通过打造具有地方特色的体育项目和活动，不仅能提升地方经济，还能吸引更多的游客和运动爱好者，推动当地体育产业的发展。

3.季节性

气候、温度、降水等自然因素的季节性变化，直接影响体育活动的组织和安排。冬季的低温和降雪为冰雪运动提供了良好的条件，而夏季则是开展各种水上运动的黄金季节。因此，体育资源管理需要根据自然资源的季节变化，合理安排体育活动的时间和内容。通过科学规划，可以提高资源利用效率，避免资源浪费，并最大限度地发挥出自然资源的潜力。

4.生态性

自然资源的生态性特点使其在体育管理过程中需要注重生态保护。体育活动的开展往往会对自然环境产生一定的影响，如登山、越野等户外运动可能会对植被和土壤造成破坏。因此，在体育资源管理中，必须加强对自然资源的生态保护，制定严格的环境保护措施。确保体育活动与自然环境的和谐共存，不仅是对自然资源的保护，也是对人类自身的保护。通过环保措施，可以实现体育活动的可持续发展，维护生态平衡。

（二）自然资源的利用

自然资源在体育活动中的利用具有重要意义。体育资源的自然属性在体育资源管理中不可忽视，包括直接影响因素如场地和气候，以及间接影响因素如环境和生态。合理利用自然资源能够极大提升体育活动的质量和参与体验。例如，山地资源适用于登山和滑雪等户外运动，海洋资源则适用于帆船和冲浪等水上运动。通过科学规划和合理利用自然资源，不仅能丰富体育活动的种类，还能有效地提升运动项目的吸引力和参与度。

在利用自然资源时，必须充分考虑资源的可持续性和环境保护。自然资源虽然丰富但并非无限，过度开发和不合理利用都会对环境造成不可逆的破坏。因此，在开展体育活动时，应建立在保护生态环境的前提下，推行绿色体育理念，倡导环保和可持续发展。例如，使用森林资源进行越野跑或山地自行车比赛时，应确保不破坏植被，合理设置赛道，避免对生态系统造成负面影响。

自然资源的利用还应充分考虑不同季节和气候条件的变化。科学规划和合理应用自然资源，可以有效地规避季节和气候对体育活动的限制。例如，在夏季高温时，可以利用高海拔地区的凉爽气候进行训练或比赛，冬季则可以利用雪山资源来开展滑雪等冰雪运动。这种规划不仅优化了体育资源的利用效率，还提升了运动员的训练效果和参与者的体验感。

地方特色的自然资源利用也是体育资源管理中的一个亮点。各地独特的自然资源可以成为地方体育活动的品牌和特色，形成独具特色的体育文化。例如，海南的海洋资源使其成为帆船运动的热门地点，新疆的沙漠资源则适合开展沙漠越野赛事。充分利用地方特色自然资源，不仅能提升当地体育活动的知名度，还能促进体育旅游的发展，带动区域经济的增长。

三、体育资源的社会属性

（一）体育资源的社会影响

体育资源不仅是体育活动的物质基础，还是社会发展的重要动力之一。它在多个方面对社会产生了深远的影响，涵盖社会凝聚力、健康促进、经济效益、文化传承和教育等领域。

体育赛事和活动能够吸引大量的观众和参与者，通过共同的兴趣和激情，可以增强人与人之间的联系和归属感。无论是社区级别的小型比赛，还是国际级别的大型赛事，体育活动都能成为人们交流和互动的平台。尤其是在大型国际赛事期间，民族自豪感和社会团结感会尤为突出，这能够有效地提升国民的凝聚力和认同感。这种社会凝聚力不仅有助于提升社会稳定，还能为社会的长远发展打下坚实的基础。

各类体育设施和运动场地的建设为公众提供了良好的健身和运动环境，可以鼓励人们积极参与体育锻炼，从而提高整体社会的健康水平。随着人们健康意识的提高，越来越多的人开始重视体育锻炼。健身房、公园的跑道、社区的篮球场等体育资源的普及，使得人们拥有了更多的选择和机会来参加体育活动。健康的个体是社会经济发展的基础，因此体育资源在这方面的投入，最终会带来社会生产力的提升和医疗成本的降低。

体育产业的蓬勃发展不仅直接创造了大量的就业机会，还带动了相关产业如旅游、广告、传媒等领域的繁荣。大型体育赛事的举办，往往会带动城市基础设施的改善和国际形象的提升，进而能够吸引更多的投资和游客，为地方经济注入新的活力。例如，奥运会和世界杯等大型赛事，不仅吸引了全球的目光，还带动了举办城市的经济发展，提升了城市的国际知名度。

体育作为一种文化现象，承载着丰富的历史和文化内涵。通过体育活动和赛事，不仅能传播和弘扬本土文化，还能促进不同文化之间的交流和融合。体育精神和价值观，如公平竞争、团队合作、坚持不懈等，都具有深远的教育意义。学校体育教育以及社区体育活动的普及，既能培养青少年的身体素质和团队合作意识，也有助于塑造积极向上的社会风尚。

（二）体育资源的社会价值

体育资源作为一种特殊的社会资源，其社会价值在现代社会中越发重要。它不仅为个体和社会提供了多方面的益处，还在多个层面上促进了社会的整体发展和进步。

体育资源可以通过促进全民健身来提高社会整体健康水平。体育活动能够增强个体的体质，预防多种疾病的发生，降低社会医疗成本，从而提高社会劳动力的整体素质。这些健康效应不仅在个体层面有所体现，在宏观层面也促进着社会的稳定和发展。通过体育锻炼，人们可以提高心肺功能、增强肌肉力量、改善心理健康状态，这些不仅有助于个人的长期健康，还能减轻公共医疗体系的负担。

体育资源具有重要的教育功能。体育作为一种教育手段，不仅能够增强学生的身体素质，还能培养其团队合作精神、竞争意识和规则意识等核心素养。通过体育活动，个体能够在实践中学习到尊重对手、遵守规则和公平竞争等重要的社会行为规范，这对于青少年的全面发展而言具有不可替代的作用。体育教育还能够促进学生心理健康的发展，使其在面对挫折和挑战时能够具备积极的心态，增强自信心和抗压能力。

在社会文化建设中，体育资源发挥着重要作用。体育赛事和活动作为文化交流的平台，不仅能够丰富人们的文化生活，还能够增进不同文化之间的理解与融合。大型国际体育赛事，如奥运会和世界杯，其不仅是体育竞技的盛会，更是展示国家文化和促进国际交流的重要途径。这些赛事通过传播体育精神和文化价值，增强了社会的凝聚力和认同感。此外，体育还为地方和国家提供了展示自身独特文化的机会，促进了文化多样性的传播和交流。

体育资源在经济发展中具有重要价值。体育产业作为新兴产业，涵盖体育用品制造、赛事组织、体育旅游等多个方面，带动了相关产业的发展。体育赛事和活动的举办，不仅能够直接带动当地的消费和就业，还能提升城市的知名度和影响力，吸引更多的投资和游客。体育明星和品牌的效应也为经济发展注入了新的活力，推动了体育与其他行业的融合发展。通过对体育资源的开发和利用，许多城市和地区实现了经济增长和社会发展的双重目标。

四、体育资源的经济属性

(一)经济属性的特征

体育资源在市场经济中具有独特的经济属性,这些属性赋予了其重要的地位和作用。

体育资源的稀缺性是其经济属性之一。体育场馆、赛事版权以及专业运动员的培养等资源都是有限的,无法无限供给。稀缺性决定了体育资源在市场中的价值,这种价值会随着市场需求的变化而波动。例如,顶级赛事的版权费和门票价格会因供需关系的变化而显著波动,这种波动反映了市场对稀缺资源的高需求和有限供给之间的平衡。

体育资源的多样性也是其重要经济属性。除了体育场馆和赛事,体育资源还涵盖体育文化、体育品牌、体育教育等多方面内容。这些多样化的资源在市场中具有不同的定位和价值,通过合理的资源配置,可以实现资源的最大化利用和效益的最优化。例如,体育品牌通过营销和推广,可以提升其市场价值和影响力,而体育教育资源则可以通过培养专业人才来提升整体体育产业的竞争力。

体育资源还具有可再生性和可开发性。尽管一些体育资源如体育场馆的数量是有限的,但通过科技进步和管理创新,可以不断地提高这些资源的利用效率。此外,体育资源具有很强的开发潜力,通过举办大型赛事、开发体育旅游等方式,可以进一步挖掘和提升其经济价值。例如,奥运会和世界杯等大型赛事不仅带动了运动本身的经济收益,还刺激了相关旅游、餐饮、住宿等产业的快速发展。

体育资源的经济属性还体现在其外部性上。体育活动不仅能够带来直接的经济收益,还具有显著的社会效益和文化影响。例如,体育赛事不仅能带动直接的票房收入和广告收入,还能提升城市的知名度和文化软实力,促进社会的健康发展。因此,合理管理和利用体育资源,不仅能实现经济效益的最大化,还能推动社会和文化的全面进步。

(二)经济属性的应用

体育资源的经济属性在体育管理中具有重要作用,它能够直接影响体育项目的运营和发展。通过对体育资源的市场化运作、赛事组织、产业链延伸和体育文化传播等方面进行详细分析，可以更好地理解其在经济领域中的实际应用和效益。

体育资源的市场化运作是实现资源优化配置的重要途径。体育场馆的运营可以通过引入市场机制，采用承包、租赁等方式，来提高场馆的使用效率和经济效益。市场化运作不仅能够增加场馆的收入，还能提供多样化的服务，满足不同层次的消费需求。例如，通过租赁体育场馆来给企业举办活动或赛事，可以在增加收入的同时，提高场馆的社会影响力和知名度。

在体育赛事的组织和运营中，体育资源的经济属性得到了广泛应用。大型体育赛事的举办不仅能够提升城市的知名度，还能带动相关产业的发展。赛事的品牌化运营可以吸引更多的赞助商和观众，从而增加赛事的收入。例如，奥运会、世界杯等国际大型赛事，通过其品牌效应，不仅带来了巨大的经济收益，还促进了旅游、交通、餐饮等相关行业的发展，取得了良性循环的经济效益。

体育资源的经济属性还体现在体育产业链的延伸和拓展上。体育资源可以通过与其他产业的结合，形成多元化的发展模式。例如，体育与旅游业的结合可以形成体育旅游，通过开发体育旅游项目来吸引更多的游客，从而带动地方经济的发展。体育用品、体育传媒、体育教育等领域也通过资源的整合与优化，实现了体育产业的全方位发展和经济效益的最大化。

在体育文化的传播和推广中，体育资源的经济属性也发挥了重要作用。体育文化作为一种重要的文化资源，具有巨大的经济价值。通过体育文化的传播，可以提升体育项目的影响力，吸引更多的参与者和观众，从而增加体育项目的收入。例如，通过举办体育文化节、体育展览等活动，可以促进体育文化的传播，提升体育项目的经济效益，从而进一步增强体育文化的社会影响力。

五、体育资源的文化属性

（一）文化资源的特点

体育资源不仅具有经济和社会价值，还蕴含深厚的文化内涵，这使得体育资源在管理和利用过程中呈现出独特的文化属性。以下将对体育资源的文化特点进行详细描述。

1.历史积淀和传承性

体育运动从古代到现代不断演变，积累了丰富的历史经验和文化遗产。以奥林匹克运动会为例，这一全球性的体育盛会已有百年历史，其传承不仅仅是体育竞技的延续，更是文化交流和融合的象征。此外，各地独具特色的传统体育项目，如中国的龙舟赛、古希腊的摔跤等，都为体育资源注入了深厚的文化底蕴。这些历史积淀和传承性使得体育资源在现代社会中仍然具有重要的文化价值。

2.地域性和民族性

不同地区和民族的体育资源反映了各自独特的文化背景和风俗习惯。例如，中国的武术不仅是一种体育活动，更是中华文化的代表之一，蕴含丰富的哲学思想和价值观。西班牙的斗牛则体现了当地人的勇敢和冒险精神，而巴西的桑巴足球融合音乐和舞蹈，展现了巴西人民的热情和活力。因此，在管理和开发这些体育资源时，需要充分尊重和保护其文化属性，避免因单纯追求经济效益而忽视了其文化价值。

3.教育性和社会功能

体育资源具有教育性和社会功能，可以通过竞技和娱乐活动，来传递和弘扬积极向上的社会价值观和文化理念。体育运动中的团队合作、拼搏精神和公平竞争等理念，不仅有助于个人的身心健康发展，还能促进社会和谐和文化传承。例如，学校体育教育可以通过运动培养学生的团队合作意识和竞争精神，这种教育功能对整个社会的文化素养和社会责任感提升具有重要作用。因此，在体育资源的管理中，应当充分发挥其文化教育功能，通过多种形式的活动和宣传来使公众认识到体育资源的文化价值。

(二)文化资源的利用

文化资源的利用在体育资源管理中具有重要意义，通过文化资源的融合与创新，不仅提升了体育活动的文化内涵和社会影响力，还增强了体育活动的吸引力和参与度。体育管理者可以通过挖掘和展示本地的文化特色，来打造独具文化底蕴的体育项目和赛事，从而吸引更多的参与者和观众。例如，利用历史遗迹、文化传统和民俗活动来丰富体育活动的内容，使其更具有吸引力。通过这种方式，不仅能增加体育活动的趣味性，还能传播和弘扬当地的文化传统，使体育活动成为文化传播的载体。

体育场馆和设施的设计与建设中融入文化元素，不仅提升了场馆的美学价值，还增强了观众的文化体验。体育场馆可以通过加入文化符号、历史元素和艺术装饰，体现地域文化特色，成为城市的文化地标。在体育设施运营过程中，策划和举办与文化相关的体育活动和展览，不仅增加了场馆的多功能性和社会价值，还促进了文化与体育的深度融合。

文化资源的应用能够推动体育旅游的发展，将体育活动与当地文化资源相结合，创造出独特的旅游体验。例如，通过举办具有地方特色的传统体育赛事，吸引游客前来观赛和参与，带动当地旅游业的发展。这种融合不仅能增加旅游收入，还能促进对文化资源的保护和传承，提升对文化遗产的认知和保护意识，实现文化与经济的双赢。

第二节　体育资源管理的原则

一、体育资源管理的公平共享原则

(一)公平共享的概念

体育资源管理的公平共享原则，指的是在体育资源分配和使用过程中，确保所有利益相关者，尤其是不同社会阶层、性别、年龄段和地域的群体，均能公平地获得体育资源的使用权和拥有参与机会。这一原则强调资源分配的公正性和普惠性，旨在消除资源分配不均衡导致的体育参与机会不平等问题。

公平共享不仅涉及物质资源的分配，如体育场馆和运动器材等，还包括非物质资源，如体育教育和培训机会、赛事参与权等。通过科学合理的资源配置，确保弱势群体和边缘化群体也能享受到体育带来的健康、娱乐和社会交往的好处，实现体育资源公平共享的重要目标。

在实际操作中，体育资源管理者需要制定和实施一系列政策和措施，确保公平共享原则的落实。这可能会包括设立专项资金支持贫困地区的体育基础设施建设，提供免费或低收费的体育项目和活动，确保女性和残障人士在体育活动中的平等参与权等。通过这些举措，可以有效地提高体育资源利用的整体效率和社会效益，推动全民健身事业的发展。

(二)公平共享的实施

公平共享的实施是体育资源管理的核心内容之一，旨在确保体育资源在不同群体之间的合理分配和使用。体育资源的公平共享不仅能够提高管理的效率和公平性，还能够促进社会和谐，增强全民健身的意识和参与度，为体育事业的持续健康发展提供有力的保障。

建立透明、公正的分配机制是实现公平共享的第一步。这需要通过制定明确的资源分配标准和程序来避免资源分配中的主观性和不公平现象。可以借鉴国际上成熟的体育资源管理模式，结合本地实际情况，设计科学合理的资源分配方案，确保资源分配的公开透明。此外，明确的分配标准和程序还能够提高资源管理的公信力，使各方都能信服分配结果。

推动体育资源的均衡配置是确保不同地域和群体享有平等体育资源的关键。无论是城市还是乡村，都应当享有平等的体育资源。政府和相关管理部门应当加大对基层体育设施的投入，特别是在经济欠发达地区和边远地区，建立和完善体育设施，提供必要的体育器材和场地。这样能够确保这些地区的居民都能够平等享受体育资源的便利，并促进全民健身的普及。

加强对体育资源使用的监督和管理是防止资源浪费和滥用的重要手段。建立完善的监管机制，对体育资源的使用情况进行实时监控，通过定期检查和评估来及时发现和解决问题。可以引入信息化手段，如建立体育资源管理信息系统，实现资源的精细化管理，提高资源使用效率。有效的监督机制能够确保资源得到充分利用，避免资源闲置和浪费。

倡导社会各界共同参与体育资源的公平共享，可以形成齐抓共管的局面。在政府、企业、社会组织等多方力量的共同努力下，通过社会参与、公众监督，来增强体育资源管理的透明度和公信力。还可以通过社区活动、公益项目等形式，来鼓励社会公众积极参与体育资源的管理和使用，进而推动体育资源的公平共享。这不仅能够提高资源利用效率，还能增强社会凝聚力和公众的健康意识。

二、体育资源管理的科学管理原则

（一）科学管理的基础

科学管理的基础在于对体育资源的系统性和科学性的深入理解和应用。科学管理理论的核心在于通过科学的方法来提高劳动生产率，这一理论在体育资源管理中同样适用。科学管理的一个重要方面是对体育资源的全面调查和评估，包括对场地、设备、人员、资金等各类资源的盘点和分析。通过系统的数据收集和分析,可以为资源配置和使用提供科学依据,避免资源浪费和重复建设。

在体育资源管理中,制定合理的管理流程和标准操作程序是至关重要的。管理流程的标准化有助于提高工作效率和资源使用效率。例如,在体育场馆的管理中,可以制定场馆使用的标准操作程序,以确保场馆的高效运营和维护。通过这样的标准化流程,可以减少因管理不善而导致的资源浪费和损耗。标准操作程序的制定需要基于科学的研究和实际操作经验,确保其能够具有可操作性和实用性。

人员的科学管理和培训是科学管理的重要组成部分。体育资源的管理离不开人的参与,而人的管理需要科学的方法。通过科学的方法来进行人员招聘、培训和绩效考核,可以提高管理团队的专业水平和工作效率。特别是在高水平体育赛事的组织和管理中,专业化的管理团队是确保赛事成功的关键。科学的人员管理不仅提高了工作效率,还能提升整个团队的凝聚力和战斗力。

现代信息技术的发展为体育资源的科学管理提供了新的工具和方法。通过使用信息管理系统,可以实现对体育资源的实时监控和管理,显著提高资源使用的透明度和效率。例如,通过场馆管理系统,可以实时了解场馆的使用情况,合理安排场馆的使用计划,提高场馆的利用率。信息技术的应用不仅简化了管理流程,还为数据分析和决策提供了可靠的支持。

(二)科学管理的方法

科学管理的方法在体育资源管理中扮演着重要角色,通过系统化和规范化的管理手段,可以确保体育资源的高效利用和合理配置。下面将详细地探讨科学管理在体育资源管理中的各个具体方面。

体育资源管理需要建立健全的管理体系。在制度建设方面,根据体育资源的特点和实际需求,制定相应的管理规范和标准,确保各项管理工作都能够有章可循。科学合理的制度能够为管理工作提供明确的指引,避免因无序或不统一地操作而导致资源浪费或效率低下。

流程设计是体育资源管理中的重要环节。合理设计体育资源的使用和维护流程,明确各环节的职责和操作规范,确保各项工作都能够高效有序地进行。例如,体育场馆的使用时间表、设备的维护周期、人员的工作安排等,都需经过科学的流程设计,以确保资源能够得到最优配置和利用。

监督机制是确保管理工作科学性和规范性的关键。建立健全的监督和反馈机制,通过定期检查和评估来及时发现和解决管理中存在的问题。这不仅能够保证管理工作的持续改进，还能通过反馈机制来收集一线管理人员和用户的意见，从而进一步优化管理方案。

人力资源的管理和培训在科学管理中也至关重要。体育管理者应重视团队建设，培养专业化的人才队伍，提高管理人员的专业素养和管理能力。定期组织培训和学习，促进管理人员对科学管理方法的理解和掌握，增强其在实际工作中的应用能力。合理的激励机制也能调动管理人员的积极性和创造性，进而提高整体管理水平。

三、体育资源管理的系统整合原则

（一）系统整合的意义

体育资源管理的系统整合原则旨在通过科学合理的方式，将各种体育资源进行优化配置和协调运作，以实现资源效益的最大化。这一原则的重要性在于其对提高资源利用效率、促进可持续发展、提升服务水平和管理质量等方面的积极作用。

系统整合能够显著提高资源利用效率。通过对体育场地、设施、人员、资金等各类资源进行统一规划和综合管理，可以有效地避免资源的浪费和重复建设。这样一来，资源的使用效益得到了大幅提升。例如，一个多功能体育场馆在不同时段可以用于不同的体育活动，从而实现场地的最大化利用。

体育资源的系统整合还可以促进其可持续发展。在传统的资源管理模式中，单一资源的利用往往难以持久，而通过系统整合，可以实现资源的循环利用和再生，减少资源消耗和环境压力。比如，通过对体育设施的多功能化改造，可以使其不仅服务于特定的体育项目，还可以用于大众健身、体育培训等多种用途，从而延长资源的使用寿命。

系统整合有助于提高体育资源的服务水平和管理质量。通过建立健全的资源管理体系和信息化平台，来实现资源信息的实时更新和共享，可以提升资源调配和管理的科学性和透明度。这不仅能够更好地满足不同群体的体育需求，还能增强资源管理的规范性和有效性，从而提高体育资源管理的整体水平。

（二）系统整合的实践

系统整合作为在体育资源管理中的关键原则，旨在通过优化配置和高效利用各类资源，提升整体体育资源的使用效率和效益。在实践中，系统整合不仅要求管理者具备全局观念，还需要灵活运用各种管理工具和技术，确保资源的合理配置与协同运作。

首先，需要对现有体育资源进行全面的评估和分析。这涉及场馆设施、资金、人力资源、技术设备等多个方面。通过科学的资源审计，可以准确地了解到资源的现状和潜力，发现资源分布不均衡和利用率低下的问题。评估和分析的过程不仅能够识别资源闲置和浪费的情况，还能为后续的资源整合提供数据支持和决策依据。

其次，建立有效的资源共享和合作机制是系统整合的另一关键实践。在现代体育管理中，单一机构或部门难以独立地完成所有任务，因此需要通过跨部门、跨机构甚至跨行业的合作来实现资源的最大化利用。例如，体育场馆的开放和使用可以与社区活动、学校体育教育相结合，这样既提高了场馆利用率，又丰富了社区和学校的体育资源。这种合作机制不仅能够提升资源利用效率，还能促进各方资源的互补和协同发展。

最后，系统整合的实践强调创新和持续改进。面对不断变化的外部环境和日益多样化的体育需求，管理者需要不断探索新的管理模式和技术手段，提升资源整合的效率和效果。例如，运用大数据分析和人工智能技术，可以更精准地预测和匹配资源需求，减少资源浪费和闲置。同时，通过建立健全的反馈机制，可以及时收集和分析资源使用中的问题和建议，不断优化资源配置和管理流程。这种创新和改进的过程，有助于保持系统整合的动态适应性和长久效益。

四、体育资源管理的效益兼顾原则

（一）效益兼顾的概述

体育资源管理的效益兼顾原则在现代体育管理中占据重要地位。该原则要求在体育资源的配置与利用过程中，不仅要追求经济效益，还要统筹兼顾社会效益、文化效益和环境效益。通过全面考虑这些因素，能够实现体育资源的最优配置，促进体育事业的全面、协调和可持续发展。

1. 经济效益

通过合理配置和高效利用体育资源，可以实现资源的最大化增值，增加经济收益。这包括体育场馆的建设、赛事的举办以及体育用品的生产和销售等。管理者需要通过科学规划和精细管理，来确保每一项体育资源都能够发挥其最大经济价值，从而为社会创造更多的财富。

2. 社会效益

体育资源管理应当促进社会的和谐与稳定，提升居民的生活质量和幸福感。例如，通过建设公共体育设施，推动全民健身运动，可以增强公众的身体素质，提高社区的凝聚力和居民的幸福指数。此外，体育活动还可以促进社会公平，增强社会的包容性和促进社会团结。

3. 文化效益

体育不仅是一种身体活动，更是文化传承和发展的重要载体。通过体育活动，可以弘扬本土体育文化，提升文化软实力。例如，传统体育项目的推广和现代体育赛事的举办，都能在不同程度上促进文化交流与融合，增强民族自豪感和文化认同感。

4. 环境效益

在体育资源的管理过程中，必须关注对自然环境的保护和可持续发展。例如，在体育场馆的建设和运营中，应尽量采用环保材料和节能技术，减少对自然资源的消耗和污染。大型体育赛事的举办也需要采取相应的环保措施，降低碳排放和垃圾产生量，确保活动对环境的负面影响能够降至最低。

（二）效益兼顾的策略

在现代体育资源管理中，效益兼顾的策略至关重要。这一原则要求在资源配置和利用过程中，既要追求经济效益，又要重视社会效益和环境效益。为了实现这一目标，体育管理者需要采取一系列有效的策略。

科学合理地进行资源配置是实现效益兼顾的首要步骤。通过精确地规划和管理，可以实现资源的高效利用。具体手段包括成本效益分析和资源优化配置，确保每一项体育资源都能发挥其最大的价值。有效的资源配置不仅能节约成本，还能提升整体运营效能。

体育资源管理应注重可持续发展，避免短期行为。体育设施和场馆的建设应考虑长远的使用价值和维护成本，避免资源浪费。管理者可以引入绿色管理理念，在设施建设和运营过程中，采用环保材料和节能技术，减少对环境的负面影响。推广全民健身活动，提高资源的利用率和服务水平，从而实现社会效益的最大化。

与社区的互动和合作也是体育资源管理的重要策略。通过与社区、学校以及企业的合作机制，共同开发和利用体育资源，可以实现资源共享和互利共赢。体育场馆在非赛事期间开放给社区居民使用，不仅提高了设施的利用率，还提升了社区居民的身体素质和生活质量。这种合作方式不仅能提高经济效益，还能增强社会凝聚力，创造良好的社会效益。

五、体育资源管理的社会责任原则

(一)社会责任的概念

体育资源管理中的社会责任概念指的是体育组织在管理和分配体育资源时，不仅要考虑经济效益，还必须关注对社会的积极影响。这种社会责任包括但不限于推动公共健康、促进社会公平、增强社区凝聚力和环保等方面。体育组织作为社会的重要组成部分，其行为和决策对社会具有广泛的影响力，因此，体育资源管理的社会责任原则要求组织在运营决策中融入社会责任理念。

在资源的分配和使用上，体育组织应当优先考虑那些能带来最大社会利益的项目。优先支持基层体育设施的建设，以提高公众的参与度和健康水平，而不只是投资高收益的商业赛事。基层体育设施的建设，不仅能够让更多人参与到体育活动中来，从而提高全民健身的水平，同时也能为社会培养更多的体育人才。这样的资源分配方式，不仅能够带来直接的社会效益，还能在长远上提升社会的整体健康水平和幸福感。

体育组织应当积极参与社区发展项目，通过体育活动来促进社区成员的互相交流和理解，加强社会凝聚力与促进社会和谐。社区体育活动不仅是增强居民体质的手段，更是构建和谐社区的重要途径。通过组织各种形式的体育活动，如社区运动会、亲子运动项目等，不仅可以让社区成员更好地了解彼此，增强互动与信任，还能有效减少社会矛盾和冲突，促进社会的和谐稳定。

体育资源管理的社会责任还包括环保和可持续发展的考虑。体育组织应当在资源管理中践行环境保护的理念，减少体育活动对环境的负面影响。建设绿色体育场馆、推广环保赛事、倡导低碳出行等措施都是实现这一目标的有效途径。通过这些环保措施，不仅能够减少体育活动对环境的污染和破坏，还能提升体育组织的社会形象，带动更多人关注和参与环境保护，形成良性循环。

(二)社会责任的落实

体育资源管理在现代社会中扮演着重要角色,其社会责任的落实不仅会影响体育产业的发展,更关系社会整体的和谐与进步。在实际操作过程中,各级体育组织、管理机构及相关利益主体都需要共同努力,确保社会责任得到有效落实。

体育组织需要制定明确的社会责任战略,将社会责任纳入其整体发展规划中。这包括设立专门的社会责任部门或岗位,制订详细的社会责任实施方案,明确各项社会责任目标与指标,并定期进行评估与反馈。通过这些措施,体育组织能够确保社会责任的各项工作得到切实推进,进而实现长远的社会效益。

体育资源管理应积极与社区、非营利组织、政府机构等外部利益相关者建立合作关系,形成社会责任的合力。通过与这些组织的合作,可以更好地识别和满足社会需求,尤其是在健康促进、教育支持、环境保护等方面发挥积极作用。例如,体育场馆可以开放给社区居民进行健身活动,体育赛事可以结合公益活动展开,体育企业可以通过赞助和捐赠来支持社会公益事业,从而提升整体社会福利。

加强公众的社会责任意识对于体育资源管理的社会责任落实而言同样至关重要。体育组织可以通过举办各类社会责任主题活动、开展社会责任培训和讲座、发布社会责任报告等方式,向社会公众传递正能量,倡导健康、积极、负责的生活方式。这样的举措不仅能够提升体育组织的社会影响力和美誉度,还能够引导更多人参与到社会责任的实践中,共同推动社会的可持续发展。

在落实社会责任过程中,体育资源管理还需注重透明度和问责机制的建设。通过建立健全的信息披露制度,定期向社会公开体育资源管理的社会责任工作进展和成效,接受公众和媒体的监督。同时,建立有效的问责机制,对未能履行社会责任的行为进行及时的纠正和处理,确保社会责任原则能够真正落地生根。这些措施不仅有助于提高体育组织的公信力和透明度,也能够促进整个体育行业更好地履行其社会责任。

第三节　体育资源的开发与利用

一、体育资源开发的意义

(一)开发的必要性

体育资源的开发在现代社会具有重要的必要性。对体育资源的开发能够有效提升国民体质,增强全民健康水平。通过合理利用体育资源,能够提供丰富多样的体育活动场所和设施,促使大众参加体育锻炼,从而预防和减少慢性疾病的发生,提高全民健康素质,降低医疗成本。全民健康水平的提升不仅能够减少医疗开支,还能够提高劳动生产率,促进社会的整体健康发展。

体育资源的开发有助于推动体育产业的发展,提升经济效益。体育产业作为现代服务业的重要组成部分,具有巨大的市场潜力。合理开发和利用体育资源,可以促进体育赛事、体育旅游、体育培训等相关产业的发展,带动区域经济增长,创造大量就业机会,提升社会经济效益。例如,通过举办大型体育赛事,不仅能够吸引大量的观众和游客,还能够带动相关服务业的发展,如餐饮、住宿、交通等,从而实现经济效益的提升。

体育资源的开发对提升城市形象和文化软实力具有积极作用。现代城市的竞争不仅体现在经济实力上,更体现在文化和软实力的比拼上。通过开发和利用体育资源,举办大型体育赛事和活动,可以提升城市的知名度和美誉度,增强城市的吸引力和凝聚力,推动城市文化建设,提升城市的综合竞争力。在国际体育赛事中取得优异成绩,也能够提升国家和城市的国际地位和形象。

体育资源的开发还有助于实现可持续发展目标。通过科学规划和合理利用体育资源,可以推动资源的节约和高效利用,实现生态环境保护和经济社会发展的双赢局面。例如,通过建设绿色体育场馆、推广低碳体育活动等措施,可以减少资源消耗和环境污染,促进生态文明建设。实现体育资源的可持续开发,不仅能够满足当代人的需求,还能够为后代人留下宝贵的资源和环境。

(二)开发的目标

体育资源的开发不仅旨在提高体育场馆和设施的使用效率,还包括通过科学合理的资源配置来提高体育产业的整体水平和竞争力。为实现这一目标，在开发过程中需要综合考虑经济效益、社会效益和环境效益，以确保可持续发展。

开发体育资源不仅能够增加体育场馆的使用频率，还能提高运营收入，带动相关产业的发展。通过举办大型体育赛事，不仅能够直接增加门票收入，还能带动住宿、餐饮、交通等相关产业的发展，形成经济效益的乘数效应。合理开发和利用体育资源，可以为社会提供更多的体育健身设施和活动场所，进而提高公众的身体素质和健康水平。

通过举办各类体育活动，可以促进社会的和谐与稳定，增强社区凝聚力，丰富公众的文化生活。合理开发和利用体育资源，还能提高公众的身体素质和健康水平，促进社会的和谐与稳定。

在开发体育资源时，应尽量采用环保材料和节能技术，减少对自然环境的破坏。在新建体育场馆时，可以考虑使用可再生能源和绿色建筑技术，减少碳排放，推动体育产业的绿色发展。通过这些措施，可以确保在体育资源的开发过程中不会对环境造成过大的负担，推动体育产业的绿色发展。

二、体育资源开发的方法

体育资源的开发策略是决定体育资源利用效率和效果的关键因素。要实现在这一领域的成功，必须从多方面入手，全面评估、创新开发、结合市场需求与社会效益，并加强政策支持和管理制度建设。

全面评估和分类是体育资源开发的基础。对现有体育资源进行科学调研和数据分析是首要任务。这既包括对体育场馆、设备设施等物质资源的评估，还覆盖人力资源、资金资源及信息资源。通过详细了解资源的种类、数量、分布和使用状况，可以制定出针对性的开发策略，确保资源的合理配置和高效利用。

多元化和创新性是提升体育资源利用效果的关键。在传统体育资源利用的基础上，应积极探索新型资源开发途径。例如，数字化体育资源和社区体育资源的开发能够拓宽体育活动的边界。与科技企业合作，开发智能体育设备和平台，不仅能提升体育活动的科技含量，还能改善用户体验，吸引更多人参与到体育活动之中去。

市场需求和社会效益是体育资源开发策略的核心考量。在开发过程中，不仅要关注经济效益，更要重视社会效益和可持续发展。通过市场调研和需求分析，了解不同群体的体育需求，制定差异化的开发策略，有助于提高资源利用的针对性和有效性。同时，在开发过程中应注重环保和可持续性，避免资源浪费和环境破坏，确保资源开发的长远利益。

三、体育资源利用的策略与途径

(一)利用策略

体育资源的有效利用策略是体育管理的重要组成部分，旨在最大限度地发挥现有资源的效用。通过科学的方法和创新思维，可以将体育资源的利用率提升到新的高度，为体育事业的可持续发展奠定坚实基础。

1. 进行全面的资源评估和审计

通过系统性地评估体育设施、人员、资金、技术等各类资源，能够准确掌握资源的现状和潜力。利用科学的方法来进行数据收集和分析，可以发现资源分布不均、使用效率低下等问题。资源审计不仅提供了详细的资源清单，还为后续的资源配置和优化提供了有力的依据，可以确保每一项资源都能得到充分利用。

2. 合理规划和配置资源

在资源有限的情况下，通过科学规划和合理配置，可以实现资源的最佳利用效益。场馆资源的使用应当考虑到不同体育项目的需求，并在时间和空间上进行优化配置，避免资源的浪费和闲置。例如，某些场馆可以在不同时间段内用于不同的体育活动，从而提高场馆的利用率。此外，制订详细的资源使用计划和日程表，确保各项活动能够有序进行，避免资源冲突和重复利用。

3. 资源的共享和整合

通过建立跨部门、跨领域的资源共享机制，能够实现资源的最大化利用。学校的体育资源可以与社区共享，既满足了学校的体育教学需求，也为社区居民提供了锻炼场所，从而实现双赢。建立资源共享平台，促进信息交流和资源互通，可以有效地降低资源闲置率，提高整体利用效率。跨区域的资源整合和共享，还可以促进区域间体育事业的协调发展，形成优势互补的良好局面。

4. 创新利用策略

通过引入新技术、新理念和新模式，可以大大地拓宽体育资源的利用空间。

信息技术的应用，例如开发线上体育课程和活动，能够突破时间和空间的限制，扩大体育资源的受众范围，实现资源的高效利用。新型体育设施的建设和旧设施的改造，也可以提高资源的使用效率和使用寿命。不断创新的利用策略，不仅能够提高现有资源的利用率，还能为未来的资源开发提供宝贵的经验。

（二）利用途径

体育资源的利用途径是在体育资源管理中的关键环节，其有效性和可持续性直接决定了体育资源的长期价值和社会效益。通过多元化的运营模式、市场化运作、科技手段的应用以及可持续发展理念的贯彻，体育资源可以得到更加全面和高效的利用。

体育设施通过政府、企业和社会组织的合作模式来进行运营，可以显著地提高设施的使用率，从而形成多方共赢的局面。政府可以提供政策支持和基础设施，企业则可以注入资金和管理经验，而社会组织能够动员群众参与。这种合作模式不仅能最大化地利用现有资源，还能减少资源闲置现象。例如，学校的体育场馆在课余时间可以开放给社区居民使用，这既提高了设施的利用率，也促进了社区的体育活动。

市场化运作能够激发体育资源的潜在价值，增加经济效益。通过引入市场机制，将体育场馆租赁给商业赛事、培训机构或举办大型活动，可以有效增加场馆的收入，提升其知名度和影响力。例如，某些体育场馆在非比赛期间可以出租给企业举办年会或文化活动，这不仅增加了收入来源，也扩大了场馆的使用场景和受众范围。

现代科技的发展为体育资源的管理与利用提供了新的手段和途径。大数据分析可以精确地预测体育资源的需求和利用情况，从而优化资源配置，提高利用效率。比如，通过对历史使用数据的分析，可以合理安排场馆的开放时间和活动项目，避免资源浪费。虚拟现实（VR）和增强现实（AR）技术的应用，则为体育资源的开发和利用开辟了新的空间，使体育资源的利用能够更加多样化和智能化。

四、体育资源利用的效率提升

（一）效率提升的方法

提高体育资源利用效率是体育管理工作中的重要环节。高效利用体育资源不仅能满足多样化的体育需求，还能促进全民健身和体育事业的可持续发展。

合理规划和分配体育资源是提升效率的基础。通过科学的资源评估和需求分析，可以确保资源的分配更加精准，满足不同体育项目和活动的需求。例如，学校体育场馆的使用应根据不同年级和体育课程的需求来进行合理安排，避免资源浪费和使用冲突。通过详细的数据分析和需求调研，可以制订出更加科学和合理的资源分配方案，使资源能够得到最大化的利用。

优化体育设施设备的维护和管理工作也是关键。定期对体育设施进行检查和维护，确保其能够始终处于良好状态，不仅可以延长设施的使用寿命，还能保证使用者的安全。采用先进的管理技术，如物联网和大数据分析，可以实时监控设施的使用情况，及时发现和解决问题，提高管理效率。例如，通过智能监控系统，可以快速识别出设施的故障点，并及时安排维修，避免长时间的停用和资源闲置。

培训和激励体育管理人员是提升资源利用效率的重要手段。通过提供专业的培训课程，提高管理人员的专业素养和管理能力，能够更好地规划和管理体育资源。同时，建立完善的激励机制，激发管理人员的工作积极性和创造力，可以促使他们在工作中不断地寻求提高资源利用效率的方法和途径。比如，可以设立绩效考核与奖励制度，鼓励管理人员提出并实施创新的资源利用方案。

积极引入社会力量，共同参与体育资源的管理和利用，也是提升效率的重要途径。通过与企业、社区和非营利组织建立合作关系，可以引入更多的资金、技术和管理经验，弥补在公共体育资源管理中的不足，实现资源的共享和高效利用。例如，社区体育中心可以通过与健身机构合作，共同开发和利用场馆资源，提供多样化的体育服务，满足不同人群的需求。这不仅能提高场馆利用率，还能丰富社区居民的体育活动选择。

(二)效率提升的技术

在提升体育资源利用效率的过程中，技术的应用显得尤为重要。现代信息技术的引入不仅能优化资源配置，还能实现资源的高效管理。以下是几种关键技术在体育资源管理中的应用。

大数据分析技术能够对体育资源的使用情况进行全面而精准的监控和评估。通过收集和处理大量的体育活动数据，如场馆使用率、设施维护记录、运动员训练数据等，大数据技术为资源配置和管理决策提供了科学依据。数据分析可以发现在资源利用过程中的薄弱环节，从而采取有针对性的改进措施，提高资源的使用效率和效能。

物联网技术在提升体育资源管理效率方面具有显著效果。通过在体育设施和设备中嵌入传感器，能够实时监测其运行状态和使用情况，及时发现问题并进行预防性维护，避免因设备故障而导致的资源浪费。物联网技术还可以实现对体育场馆的智能化管理，比如自动控制照明、空调等设备的开启和关闭，从而降低能耗，从而提高资源利用率。

云计算技术在体育资源管理中也发挥着重要作用。强大的数据存储和处理能力使得大量的体育资源信息可以集中管理和共享。通过云平台，各级体育管理部门能够实现数据的互联互通，提高信息的透明度和共享性，避免资源重复建设和闲置浪费。云计算还支持远程管理和决策支持，管理者可以随时随地访问和处理资源数据，从而提高管理效率。

虚拟现实（VR）和增强现实（AR）技术为体育资源的开发和利用提供了新的可能性。VR 和 AR 技术可以模拟真实的体育场景，为运动员和教练提供仿真的训练环境，节省实际场地和设备资源。这些技术还可以用于体育赛事的虚拟观赛，缓解体育场馆的接待压力，提高观众的参与体验，拓展体育资源的利用方式。

参考文献

[1]陈兴雷,高凤霞.高校体育教育与管理理论探索[M].天津:天津科学技术出版社,2022.

[2]彭国芳,闫增印.体育经营管理理论[M].北京:北京工业大学出版社,2020.

[3]贾丽欣.体育建筑策划与项目管理[M].西安:西安交通大学出版社,2021.

[4]周伟峰.体育产业与体育文化发展管理探索[M].长春:吉林人民出版社,2022.

[5]刘红华.体育运营管理[M].沈阳:辽宁人民出版社,2023.

[6]陈静.体育管理信息系统原理与应用[M].天津:南开大学出版社,2020.

[7]骆雷.体育管理实证研究方法与实务[M].上海:复旦大学出版社,2022.

[8]张仕德,朱有福,庞春.高校体育管理理论与实践研究[M].长春:吉林人民出版社,2021.

[9]吴广,冯强,冯聪.高校体育管理体制与教学改革研究[M].北京:研究出版社,2020.

[10]谢丽娜.高校体育风险管理研究[M].长春:吉林人民出版社,2020.

[11]陈彩霞.休闲体育产业科学化经营与管理研究[M].北京:中国商业出版社,2023.

[12]陈博.理论与实践 体育场馆的运营管理[M].北京:中国经济出版社,2020.

[13]魏小芳,丁鼎.高校体育教学管理改革与模式构建探索[M].长春:吉林人民出版社,2022.

[14]胡明文.现代体育场馆资源开发与经营管理实践[M].北京:中国商业出版社,2021.

[15]黄振鹏.高校智能化体育场馆建设与经营管理[M].长春:吉林大学出版社,2020.

[16]许赛赛.体育产业经营管理理论研究与实践探索[M].北京:中国经济出版社,2020.